FRANZ DOBLER
ICH WILL DOCH IMMER NUR KRIEGEN WAS ICH HABEN WILL
GEDICHTE 1991–2020

✻ starfruit

FRANZ DOBLER
ICH WILL DOCH IMMER NUR KRIEGEN WAS ICH HABEN WILL
GEDICHTE 1991–2020

MIT FOTOGRAFIEN
VON JULIANE LIEBERT

Unser Anspruch ist bescheiden.

Jean Améry

ICH WILL DOCH IMMER NUR KRIEGEN WAS ICH HABEN WILL

Lob des Arbeiters · 12
Ein Tag, an dem ich viel gelernt habe · 14
Frühstück in historischem Ambiente · 16
Problemzone Parkplatz · 18
Gefährliches Leben · 20
Passagier Nr. 181159-2017 · 22
Glückskeks · 24
Weg zur Hölle · 28
Das Böse kommt selten allein · 32
In München vor dem Krieg · 34
Eine Frau auf den Knien · 35
Falsche Hose · 36
Mein guter Rat ist ganz umsonst · 40
Mein erstes Selfie · 42
Tote Freunde · 43
Hamburg ohne Nils Koppruch am 6. August 2013 · 44
Ich will doch immer nur kriegen, was ich haben will · 46
Taxi und Glück · 50
Außer Atem · 52
Springkraut · 56
Neues vom Mann, der mit den Pflanzen spricht · 58
Eine Million · 60
Fakten · 62
Du mit deinem Rock · 63
Blaue Augen · 65
Schlager · 66
Wer macht den Dreck und wer macht die Wäsche? · 70
Abrechnung · 72

Reifeprüfung · 73
Strange Fruit · 76
Nizza nach Mitternacht · 80
Kafka und ich · 84
Besuch vom Nashorn · 86
Erinnerungen · 87
Grabstein · 90

Anmerkungen · 96

ICH FÜHLTE MICH STARK WIE DIE BRAUT IM ROSA LUXEMBURG T-SHIRT

Ich bin auch nicht ganz blöd · 100
Als ich geboren wurde · 104
Auf dem Land · 107
Rosa Luxemburg T-Shirt · 108
Tango und Benzin · 110
Magazine · 114
Dresden · 116
Ich bin so voll · 117
Zeit genug · 118
Mein kleines Denkvermögen · 119
Ich war überall · 122
Information für Touristen · 126
Meine Marke Maker's Mark · 129
Wenn die Uhr schlägt · 134
Grabstein · 137
An der Straße ins Nichts · 138
Der Mann zwischen Madsen und Buscemi · 142

Es ist laut · 144
Der neue Europameister · 145
Du wirst dich wundern, Baby · 150
Ray Charles · 153
Kirchenlied · 154
Blöde Woche · 155
Verhängnisvolle Frau · 158
Klaus Kinski Wutanfall · 160
Meine Frau ist gefährlich · 163
Im Block des Grauens · 165
Die einen müssen es tun · 169
Eine tolle Einrichtung · 172
Die Krise die miese · 174
Vatertag im Sportheim · 178
Der letzte DJ · 180

Anmerkungen · 184

JESSE JAMES UND ANDERE WESTERNGEDICHTE

Ich kann kein Blut sehen · 188
Der Zug fährt vorbei · 190
Jesse James · 194
Die mit dem Maul · 196
Der Notfall-Buckshotlauf · 197
Mit dem Beil in der Hand · 200
Hillbilly · 203
Jesus, Maria und Josef · 204
Die Daltons und ich · 210

Fahrt zur Hölle · 214
Ich geh einfach rein · 215
Nachts wenn der Mond scheint · 216
Sie hocken am Loch · 218
Der Koch, der Dieb, seine Frau und ihr Colt · 220
Weg zur Freiheit · 222
Wir haben manchen Bock geschossen · 223
Texas · 226
Unten im Süden · 228
Bis auf die Knochen · 230
Einsam wie ein Stein · 234
Der Tag, an dem ich allen Glück wünschte · 236
Grabstein · 240
Soldatenlied · 241
Die schnellen Männer · 243
Der mit der Gitarre · 244
Güterzüge · 248
Cowboylied · 250

Anmerkungen · 252

POESIE IST KEIN AUTORENNEN
Manfred Rothenberger im Gespräch mit Franz Dobler · 259

Editorische Notiz · 285
Biografien · 286

ICH WILL DOCH IMMER NUR KRIEGEN WAS ICH HABEN WILL

Don't bury me
I've got a show to play

Willie Nelson

LOB DES ARBEITERS

Um fünf nach fünf
musste ich das Bett verlassen
damit ich um sechs Uhr dreißig
am Treffpunkt war.
Das Auto wartet keine Minute
hatte der Chef gesagt
und wer es zweimal verpasst
der fliegt raus.

Ich war Mitte fünfzig
und musste die Vorstellung
ein geschätzter Schriftsteller zu sein
in den Wind schießen.
Ob für kurz oder für immer
das wussten nur die Götter
die nicht mehr mit mir sprachen.

Nach dem ersten Arbeitstag
schlief ich um kurz nach acht
mit einer Flasche Bier in der Hand
auf dem Sofa ein
und als mich um fünf nach fünf
der Wecker aus dem Schlaf holte
hatte ich die fast volle Flasche
immer noch in der Hand.

Wenigstens hatte ich plötzlich
einen ruhigen Schlaf.

Nach einer Woche lobte mich
der Chef laut vor allen
denn ich war seit einem halben Jahr
der erste Hilfsarbeiter
der eine Woche durchgehalten hatte.
Endlich mal keine arbeitsscheue Pfeife
sondern einer, auf den man
sich verlassen konnte.

Ich fuhr weiter den Dreck
mit dem Schubkarren aus dem Dreckloch
war nicht besonders beeindruckt
von seiner beachtlichen Rede.
Ich hatte noch nicht vergessen
und war nicht stolz darauf
dass ich schon immer
viel Unsinn gemacht hatte.

EIN TAG, AN DEM ICH VIEL GELERNT HABE

Im Bundesamt für Migration
und Flüchtlinge in München
zähle ich dreizehn Security-Leute
von der Pforte bis zum Warteraum.

Der Security-Chef ist ein Deutscher.
Die anderen zehn Männer
und zwei Frauen sehen aus
als hätten sie Angst
schon morgen wieder auf
der falschen Seite aufzuwachen
und den neuen Security-Leuten
ihre Aufenthaltsgenehmigung
vorzeigen zu müssen.

Als wir nach zehn Stunden
endlich wieder im Hotel sind
und einen Kaffee trinken
wird mir klar
dass ich den ganzen Tag lang
keinen Kaffee bekommen habe.
Ich hätte nicht gedacht
dass ich ohne Kaffee
zehn Stunden überleben würde.

Das war ein Tag
an dem ich viel gelernt habe.

FRÜHSTÜCK IN HISTORISCHEM AMBIENTE

Im Gasthaus Hotel Lüthemühle
am Flüsschen
Nette nahe Holland
sind auch Pferdeweiden vor dem Fenster
und in meinem Zimmer hängt eine Angel.
Die Frühstückshalle ist so hoch und Ehrfurcht gebietend
wie in einem Dracula-Film
(in dem der Gründer der Mühle
Ritter Sibert von Krickenbeck
zuletzt das Volk rettet)
mit einem riesigen Kronleuchter
und einem »offenen« Kamin
hinter dessen Verglasung
ein Haufen Holz verbrennt.
An einer langen Wand
reichen die Bücherregale bis zur Decke und ich starre
diese noch nie bezwungene Literaturwand
so gebannt an, dass ich kaum zum Essen komme.
Welche Schätze sind dort begraben?
Und welches Souvenir werde ich mitnehmen?
Ich nähere mich behutsam
wie einem Pferd
das keine Menschen leiden kann
und habe nur noch einen Meter vor mir
als ich entdecke, dass es nur Buchattrappen sind.
Zwei Zentimeter hinter dem Buchrücken
wurden die Bücher abgesägt
und an die Wand geklebt.

Erst viel weiter oben erkenne ich echte Bücher
aber mir ist die Lust vergangen
mir ein Souvenir zu holen.
Zu groß ist mein Respekt für diese großartige Arbeit.
Und ich muss auch sofort anerkennen
dass das Holz im »offenen« Kamin
verdammt gut gemacht ist.
Vorsichtig beiße ich in mein Brot.
Verzichte auf Kaffee.
Will jetzt schnell raus
um mir diese Pferde genauer anzusehen.

PROBLEMZONE PARKPLATZ

Es dauerte eine halbe Ewigkeit
bis wir im Zentrum einen Parkplatz fanden
in einer Seitenstraße: alles frei!

Wir stiegen freudestrahlend aus
und fragten den Mann, der grade vorbeiging
warum hier kein Auto geparkt war.

Don't do it, sagte er
it's a big problem, you know
hier geht jede Woche eine Bombe hoch.

Wir blieben trotzdem stehen.
Hatten einfach keine Lust mehr
einen verdammten Parkplatz zu suchen.

GEFÄHRLICHES LEBEN

Als das Glück
eines Tages auf meiner Seite war
lernte ich den Schriftsteller
Ludwig Lugmeier
Herkunft Kochel am See bei Penzberg
wo der Hund begraben ist
heute wohnhaft woanders
kennen und wusste
aber nur grob
dass er auch einmal
ein erfolgreicher Dieb gewesen war.

Nach ein paar Bier
traute ich mich
die Frage endlich zu stellen.
Wie kommts eigentlich
dass du zwölf Jahre
und ein halbes
so gut überstanden hast?

Er zuckte nur mit den Schultern.
Ich hätte mich am liebsten
so eine blöde Frage
so saudumm.

Später hat er
in einem Interview was gesagt
das mir sehr gut gefallen hat.
Dass es genauso gefährlich ist
einen Roman zu schreiben
wie einen Millionenraub durchzuführen.

Ich kann das nicht beurteilen.
Aber das klingt so gut
das muss die Wahrheit sein.

PASSAGIER NR. 181159-2017

Im Supermarkt kommt aus den Lautsprechern
Iggy Pop mit *The Passenger*.
Vor 40 Jahren um 15 Uhr
hätte ich das so gesehen:
Wir haben den Supermarkt eingenommen!

Jetzt haben sich die Rauchwolken verzogen
und die Sache sieht anders aus:
Sie sind überall.
Es gibt kein Entkommen.

Eine Erkenntnis
die mich nicht schockierte
nur ganz kurz berührte.
Ich hatte mir schon so was gedacht.

GLÜCKSKEKS

Es war Mittag, als ich wieder aufwachte – und in
meinem Kopf fuhr ein ICE in einem viel zu engen Kreis
und ich ärgerte mich, denn ich war seit zwei Stunden
zu spät, und das hätte nicht passieren dürfen.
Nach den ersten erfolgreichen Atemzügen
fuhr der ICE in meinem Kopf endlich langsamer und
ich konnte mir meine jüngste deutsche Vergangenheit
etwas genauer ansehen – in der Nacht zuvor war dieser Zug
bei einer Veranstaltung gestartet, zwei Musikkapellen hatten
gespielt und dazwischen hatte ich den Leuten (mit inzwischen
entfallenen) Worten gepredigt, nachdem ich
im Umkleideraum viel reizende Kleidung an reizenden
Körpern begutachten konnte und sogar musste.
Irgendwann nach der Geisterstunde stellte ich mich
an die Theke des Clubs, um für mich und die ganze Familie
Getränke zu bestellen, und für diese Aufgabe schien mir
geeignet die ausreichend große Lücke zwischen zwei Punks:
Die mich sofort streng musterten, als sie erkannten,
dass ich einen Anzug, weißes Hemd und Krawatte trug.
Der eine Punk richtete nun seine Rede an mich: »Wie
siehstn du aus! Was glaubste denn, wo de hier bist!
Was willste denn hier!« Offensichtlich hatte ich also
sinnlos in eine dumpfe Dunkelheit hineingepredigt, und
selbst ein blinder Nationalsozialist hätte erkannt,
dass die Punkkleidung, mit der sie ihre Körper verhüllten,
erheblich mehr gekostet hatte, als meine Kleidung.
Ich überlegte, welche Worte ich ihnen entbieten könnte,
vielleicht: heute schreiben wir den 7. November 1938

und ich stehe hier in einem Außenlager des
Konzentrationslagers Dachau und ihr seid die Wachmannschaft?
»Vergiss es«, sagte ich zu diesem Punk, doch daraufhin
berührte er mich auf eine unangenehme Weise, und trotz
des Lärms im Raum hörte ich das giftige Zischen
meiner rechten Hand: »Ich will in die Tasche zum Klappmesser«,
sagte meine rechte Hand, und ich sagte: »Hör auf
mit diesem Blödsinn oder meine linke Hand wird dich
abhacken.« Und die rechte Hand tat wie befohlen.
Mein Kopf versuchte dann, wie es seine Art ist, das Positive
an dieser Begegnung zu entdecken, und ich erinnerte
mich, warum ich vor vielen Jahren aufgehört hatte,
ein Punk sein zu wollen oder Mitglied in einem anderen
Hundehalterverein, und mir stattdessen geschworen hatte,
niemals die Verehrung von Joe Strummer aufzugeben.
Mit diesen wenig erbaulichen Erinnerungen blieb der ICE
in meinem Kopf endlich stehen – und mir wurde
klar, dass ich vor zwei Stunden mein Büro geputzt
und leergeräumt meinem Nachmieter hätte übergeben
müssen. Ich kam auf die Idee, mein Telefon
einzuschalten und hörte seine Stimme, sie war voller
Enttäuschung, Verzweiflung, Wut und Trauer.
Ich rief ihn zurück und versprach, ohne mich mit ihm
zu unterhalten, mich nur vielmals entschuldigend, die Sache
binnen zwei Stunden zu regeln. Und dann rannte ich und
putzte und schleppte und saugte und war erschöpft und
freute mich auf eine warme Mahlzeit – als mir wie von
Gottes Glocken alarmiert einfiel, dass ich, wie hatte ich das
vergessen können, auch heute Abend einen Auftritt
als Prediger hatte und sofort zum Bahnhof ... zuvor
jedoch nach Hause – und jetzt fuhr auch dieser

ICE in meinem Schädel wieder los mit ächzendem Metall, während ich mich im Badezimmer, verdreckt von den Räumungsarbeiten, zwischen einer Dusche und frischer Kleidung entscheiden musste, denn beides war nicht mehr drin, weil ich für Anzug und Krawatte und alles, was einen tapferen Punk in den Wahnsinn treibt, auch noch zum Auto musste, und ich wiederholte monoton in meinem erholungsbedürftigen Kopf fuck you all & your fucking mothers und konnte nicht schneller am Bahnhof sein als drei Minuten zu spät – und sah dann, die Anzeigentafel zuerst verfluchend, dass der Zug nach Nürnberg ausgefallen war – und saß nun hundert Minuten in der Wirtschaft im Bahnhof und konnte endlich starke Punknahrung zu mir nehmen und die Zeitung lesen – Tatsachen auf den Tisch: ein Interview mit Lothar Matthäus, der mir – ich war angeschlagen – noch nie so sympathisch vorgekommen war – und einige Abenteuergeschichten, die vom 9. November 1989 erzählten, immer dieser 9. November, eines Tages werden wir alle an diesem Tag in die Luft fliegen – aber auch die Musik in der Bahnhofswirtschaft quälte mich ohne das geringste Mitleid, und ich sah dort so viele alte Männer allein und traurig sitzen, dass ich selbst traurig wurde, und als ich dann in der durch die Dunkelheit ruckenden Regionalbahn saß und mein Telefon wieder und wieder leuchtete, spürte ich, dass meine Nerven nun bereit waren, mich anzugreifen mit all ihrer Macht, während draußen ein tiefschwarzes und schneenasses Schwarz auf die Erde drückt und der Zug jetzt in Treuchtlingen hält – und ich denke Treuchtlingen, Treuchtlingen, Treuchtlingen? Was sagt mir diese kleine Drecksstadt, die in der Nacht

nicht mehr als ein kleiner Bahnhof ist, an dem
abgeführt wird, wer ohne Wohnsitz aussteigt – nein,
zur Hölle! Das ist also die Stadt Treuchtlingen, die
einen der besten Dichter deutscher Sprache ihren Sohn
nennen kann, Ludwig Fels! Aber ich weiß nicht, ob ihn
dieses Treuchtlingen irgendwann gut behandelt oder ihn
allein schon mit diesem Namen verjagt hat – schon
lange lebt er nicht mehr dort – diese miesen kleinen
Städte, sie verjagen dich oder halten dich fest mit
ihren ekelhaft feuchten Schlingen, und dieser Zug fährt
nicht weiter, und ich spüre, wie eine gemeine Melancholie
mich langsam einwickelt – und ich bekomme Angst vor
diesem Abend und seinen Augen, die mich fragen, warum
ich glaube, ihnen mit so viel Verspätung immer noch
predigen zu dürfen – und ich bekomme Angst vor der Nacht,
in der uns der Winter schon überfallen hat – gestern
hatte ich meinen alten grauen dicken Mantel aus dem
Schrank geholt – und jetzt erfasse ich in der rechten Tasche
des Mantels einen Gegenstand, so groß wie eine Schachtel
Zündhölzer, aber weich, und knisternd – es ist ein
verpackter Glückskeks! Und ich habe sofort den Eindruck,
dass es wieder aufwärts geht und zerreiße die Plastikhülle
aufgeregt und zerbreche diesen Glückskeks in Treuchtlingen
sofort und lasse die Splitter zu Boden fallen, und kann es
nicht erwarten, ich sterbe vor Neugier und lese
diesen Satz, und bin mir sicher, dass ich diesen
Tag nicht überleben werde, angeschlagen
und umgehauen von den Worten:
»Ein Tag, der dir keine Probleme bereiten wird.«

WEG ZUR HÖLLE

In Berlin in der Markthalle
traf ich einen der wenigen Cowboys
die überlebt haben.
Er arbeitete hinterm Tresen
mit dieser leichten Unfreundlichkeit
die nur eine Nichtfreundlichkeit ist
und die alle guten Barleute haben.
Seine Kappe Schirm nach vorn
die Stiefel unter den Jeans
seine Musik im Gasthaus
Countryswing und Countryblues.

Als wir die Letzten waren
lud er mich auf einen Schluck ein
aber als wir dann draufkamen
dass man sogar in Berlin
einen Fremden treffen kann
der weiß, dass Tish Hinojosa
nicht der Mann ist, der sich gestern
aus dem dritten Stock hat fallen lassen
weil sein Antrag auf Asyl abgelehnt wurde
sondern die Prinzessin des Texmex
dauerte es doch etwas länger.
Bis zur Sonne.

Manchmal kommen auch einige Genossen
in die Markthalle, erzählte er
zehn Meilen durch die Nacht erkennbar
im Outfit der Autonomen Fraktion
und wegen seiner Merkmale
die ich anfangs beschrieben habe
die Kappe, die Stiefel, die Musik
beschimpfen sie ihn
und nennen ihn: Fascho!

Genossen! (Will ich euch mal
freundlich nennen auf gut Glück):
Es muss Faschist heißen
verdammt.
Aber ich will mich jetzt nicht
mit eurer Sprache beschäftigen, sondern
euch was auf den Denkzettel schreiben
weil so was zu oft passiert
und nie passieren darf:

Frechheit siegt nicht immer
und Dummheit selten.
Und die Unwissenden sind nicht so selig
wie es in der Bibel steht.
Aber der Weg zur Hölle
dass der mit guten Absichten
gepflastert ist
das könnt ihr mir glauben.

DAS BÖSE KOMMT SELTEN ALLEIN

In einem Kulturhaus in Norddeutschland
hielt ich einen Vortrag über Zydeco
diese Volksmusik
die im Süden der USA
in Louisiana gespielt wird
und machte anschließend
Partystimmung mit Schallplatten.

Am Ende stand ich wie so oft
allein an der Theke.
Es freute mich
dass die Barfrau Lust hatte
sich mit mir zu unterhalten.
Sie hatte aufmerksam zugehört.

»Das verstehe ich überhaupt nicht«, sagte sie
»diese grässliche Volksmusik
mit diesem furchtbaren Akkordeon –
aber wieso spielen das denn Schwarze?
Die haben doch selber so tolle Musik.«

Es war nicht so
dass das keine interessante Frage war
und ich gab mir Mühe
mit dieser ziemlich komplizierten Geschichte.

Wir waren noch nicht im Bett
als sie einen Schrei ausstieß
der mir einen Schreck einjagte
ich hob die Fäuste vors Gesicht
was war denn passiert?

»Du bist tätowiert!«
»Ja, das stimmt, aber – «
»Ich hasse tätowierte Männer!«

Angesichts dieser vielen Probleme
verstanden wir uns dann
gar nicht so schlecht.

IN MÜNCHEN VOR DEM KRIEG

Der Vater
ist ein Tisch ohne Decke.
Die Mutter
steht auf ihm ohne Kopf.
Der Sohn
zeigt ihn herum auf der Wiesn.
Die Tochter
jodelt im großen Zelt.
Der Mann
der sie am Arsch leckt
ist ein Nazi
und auch er
macht seine Sache
ganz gut.

EINE FRAU AUF DEN KNIEN

Am Tag der Befreiung
am Tag des Sieges über Nazi-Deutschland
muss ich außerdem daran denken
wie ich mein letztes Geld ausgegeben hatte
bis auf den letzten Cent
als ich am Market Place
eine Stunde vor dem Abflug
auf eine junge schwarze Bettlerin traf
die sich mir in den Weg stellte.
Aber ich hatte nichts mehr
weniger als sie (in diesem Moment)
und auch keine Worte
die sie mir glauben würde.
Und als ich den Kopf schüttelte
und sorry I have no money sagte
kniete sie sich vor mich hin
war vor mir auf den Knien
und sah hoch zu mir
die Hände zum Bittgebet erhoben
(ich hatte nichts mehr – nicht mal
diesen Traum des weißen Mannes).
Und so kniete ich mich auch hin
und bat sie don't do this
und mir zu glauben.
Das ist mir heute am achten Mai
dann auch noch eingefallen.

FALSCHE HOSE

Ich gehe durch die Straßen
es ist Nacht und mir ist kalt
aber ich will nicht allein daheim sein
ich will irgendwo dabei sein.

Da seh ich ein gutes Licht
ich hör Musik: eine nette Bar
doch ein Mann steht vor der Tür
und sieht mich ziemlich streng an.

Ich sage: Lieber Herr Türsteher
wie geht's denn, kann ich rein?
Diese Nacht bringt mich um
ein paar Drinks und mir geht's fein.

Ich denk an
ein' Bourbon, ein' Scotch und ein Bier.

Ich sage: Hallo Doktor Türsteher
warum kann ich nicht rein?
Was hab ich dir getan?
Hab ich die falsche Hose an?

Ich geb dir meinen Pass
und leg noch fünfzig oben drauf
ich mache keinen Ärger
und ich brauche keine Frau.

Sondern nur mal
ein' Bourbon, ein' Scotch und ein Bier.

Hör mal, Ober-Chef Türsteher
jetzt habe ich alles versucht
mit Geld und freundlichen Worten
und sogar noch ein guter Rat:

Lass mich lieber da rein
sonst hol ich meine Freunde
und dann kommt jetzt gleich Spiderman
und wenn er nicht da ist John Lee Hooker.

Und dann zahlt dein Boss nicht nur
ein' Bourbon, ein' Scotch und ein Bier.

Lou

I FUCKED

NO, SHE F

MEIN GUTER RAT IST GANZ UMSONST

Eine Kunst machen
hart wie Clint Eastwood
Mann, das ist auch mein Traum.
Aber ich käme mir bescheuert vor
wenn ich wüsste, dass meine
ganz harten Killer-Songs
immer nur von Kindern
gehört werden, und ich kann es
nicht leiden, wenn ich mir
vollkommen bescheuert vorkomme
wenn du weißt, was ich meine.

Aus der Box, die der Junge
an seinem Roller befestigt hat
brüllt es raus:
Ich knall die Bitch
und dann knall sie ab, Mann!
Und der Junge flitzt
mit seinem Roller vorbei.

Er ist so alt wie ein Kind
das in seinem Leben
nie mehr was anderes tun will
als Rollerfahren von früh bis spät.

Ich käme mir so bescheuert vor
wenn ich nur solche Kunden hätte
für meine harten Killer-Songs
und zu dem Jungen jetzt sagen würde
mit meiner brutalen Gangster-Stimme:
Fahr nach Hause, Kollege
und fick deine Mutter
und wenn du nicht weißt
wie das geht
guckst du auf meinen YouTube-Kanal
und fährst jetzt erst mal
deine Kohlen zu mir rüber

denn guter Rat ist teuer, kleiner Pisser
und meine Mutter
die macht's nicht mehr umsonst
also nicht mit mir.

MEIN ERSTES SELFIE

Mein Haar ist
schwarz.

Mein Herz
blutrot.

Und übermorgen
bin ich blau.

TOTE FREUNDE

Meine toten Freunde
sind alle abgehauen
ohne sich zu verabschieden.
Alle waren plötzlich weg.

Kein letztes Gespräch
kein letztes Glas
kein letztes Lächeln.

Nur bei einem meiner toten Freunde
fiel mir nach seinem Tod auf
dass unsere letzte Unterhaltung
eine Ankündigung gewesen war
die ich nicht erkannt hatte.

Aber ich trage es ihnen allen
nicht nach.
Sollten wir uns irgendwo
wieder treffen
werde ich so tun
als wäre alles in Ordnung.

**HAMBURG OHNE NILS KOPPRUCH
AM 6. AUGUST 2013**

Über die Elbe fahren
von der belebten zur weniger belebten Seite
so 40 Minuten in einem Oldsmobile Toronado
durch die Industrie und so Anlagen
wo nichts ist oder irgendwas (wie immer).
Da ist kein Sound – nur die Stimme im Kopf.

What shall we do with a drunken sailor
dem sie ihn die Reifen schießen können
aber der vielleicht mal Glück hat
(wenn sie Pech haben).

So machen wir weiter (was sonst)
so geht das schon – es geht schon so.
Wir essen jetzt mal 'n Eis.
Ja, so geht's
so geht's doch irgendwie
man muss ja sowieso
von irgendwie nach irgendwo.

**ICH WILL DOCH IMMER NUR KRIEGEN,
WAS ICH HABEN WILL**

Im Himmel über mir
sehe ich heute
ganz schwarze Wolken.
Ich kenne den Anblick.
Und bin doch nachdenklich.

Ich finde es schon lange
nicht mehr in Ordnung
dass es die Methode
Film-im-Film gibt
aber kein Gedicht-im-Gedicht.

Als wäre es verboten.
Das ist nicht in Ordnung.
Auch die Kunst der Montage
ist doch eine Kunst.

Und wir müssen alle sehen
wo wir bleiben
wenn diese schwarzen Wolken
über uns hängen.

Ist ja gut – ich weiß es selbst:
Sie sind nie ganz schwarz
diese Wolken

da ist immer was Graues dabei.
Ist ja gut – ich weiß es selbst:
Es gibt keine schwarzen Wolken.

Aber sie sehen immer so aus
diese fast schwarzen Wolken
als würde gleich eine Hand
auf uns runterstoßen
um uns mitzunehmen.
Das müsst ihr zugeben.

Und jetzt sitze ich
unter diesen Wolken in Paris
und habe auch noch

Zahnfäule in Paris:
Etwas frisst an mir
ich rauche zu viel
ich trinke zu viel
ich sterbe zu langsam.

Ich will doch immer nur kriegen
was ich haben will.
Ist das zu viel verlangt.

Nur etwas mehr Geld
nur etwas mehr Erfolg
und viel mehr Gesundheit
und viel mehr Zeit.

Diese ganze Ausstattung
die sie nicht leicht rausrücken.
Die du nicht so leicht kriegst.

Das sind doch
genug gute Gründe
um sich von dem was zu nehmen
womit andere nichts mehr
anfangen können.

Ich brauche eure Zustimmung nicht.
Habe ich nie.
Werde nicht damit anfangen.

Kümmert euch doch
um eure eigenen Worte.
Und was ihr anstellen wollt
wenn sie euch ausgehen.

Hockt euch in Paris
auf einen dieser blöden Plätze
die man aus dem Kino kennt.
Und denkt darüber nach.

Nicht nur über das Lächeln
der Frauen, die vorbeigehen
und nichts wissen
von der Zahnfäule.
Und den anderen Sachen
von denen ihr
nichts erzählen wollt.

TAXI UND GLÜCK

Taxifahrer sind eine beliebte Quelle
für Journalistinnen, das ist bekannt.
In ein Gedicht schaffen sie es selten
dieser hier schon, er drängt sich rein
und ich schreibe, während er spielt.

Wir sind beide nicht ganz bei der Sache
und geben doch unser Bestes.
Er spielt auf seinem Handy und fährt los
und ich schreibe los und achte wie er
auch ein bisschen auf die Straße.

Wir lenken uns gegenseitig ab
weil wir uns unterhalten.
Ich sage »Achtung!« wenn er wieder
über den Mittelstreifen fährt
und er sagt »Geht schon, kein Problem«.

Ich glaube, er kommt aus der Türkei
wie üblich ein Glaube ohne Beweis.
Ich frage die Leute nie, woher sie kommen
weil ich selbst nicht genau weiß
woher ich komme – also was soll's?

An der nächsten Kreuzung
ist der Taxifahrer fertig, er hat verloren.
Und auch ich mache nur einen Punkt.
Ich steige aus und wünsche viel Glück.

Er kann's gebrauchen
und ich auch.

AUSSER ATEM

Es geht ihr gut
sagt meine Schwester am Telefon
ehe sie zu husten anfängt
und eine Minute lang
nicht sprechen kann.

So ein keuchender, trockener Husten.

Sie ist 74
dreizehn Jahre älter als ich.
Sie war damals einige Jahre
wie eine zweite Mutter für mich.
Ehe ich ihr klarmachen konnte
dass eine Mutter genug ist.

Es geht ihr gut
sagt meine Schwester
die nach dem Weg
bis zum Telefon
völlig außer Atem ist.

Langsam frage ich mich
wie geht's denn eigentlich
den Leuten, denen es
wirklich gut geht?

Sie sitzen mit ihren
Gewehren im Anschlag
hinter ihren verschlossenen Türen
und warten darauf
dass *SIE* kommen.

Und wenn sie das
nicht in echt tun
bezahlen sie irgendwelche Typen
die es für sie tun
damit es ihnen
bis in alle Ewigkeit
gut geht.

18. April 2020

SPRINGKRAUT

Diese Pflanze mit dem lateinischen Namen
Impatiens glandulifera
ist noch vor dem Ersten Weltkrieg
aus einem fernen Land
nach Deutschland gekommen
eine vorweggenommene Vergeltungsaktion
könnte man sagen
daher auch Springkraut
(etymologisch mit Sprengfalle verbunden)
und wächst heute wie der Teufel.
Sie wird so groß wie ein großer Mensch
und ist von einem leuchtenden Grün
das nur scheinbar die Natur verschönt.

Denn das Springkraut ist ein böses Unkraut
eine Drecksau, die sich epidemisch ausbreitet
und alles in seiner Umgebung vernichtet
außer die noch bösere Brennnessel.
Man kann das Springkraut
nicht einfach mit der Sense weghauen
sondern muss jede Pflanze
mit der Wurzel vorsichtig herausziehen
und deshalb ist es
auch wenn es einen lustigen Ton gibt
wenn manchmal ein Stängel bricht
eine mühsame, langwierige Arbeit.

Ich hatte eigentlich keine Lust
über dieses blöde Kraut etwas zu schreiben
aber ich habe gehört, dass jetzt mit
Tier- und Naturgedichten wieder was geht.

Zur Frage, was das Springkraut empfindet
wenn ich es rausreiße
habe ich mir noch nichts überlegt.
Deshalb könnte es sein
dass ich noch ein Gedicht
über das Springkraut schreiben muss.
Das ist mir egal
wenn es nur wieder so gut wird.

NEUES VOM MANN, DER MIT DEN PFLANZEN SPRICHT

Ich kann nicht klagen
obwohl ich angefangen habe
mit meiner Lieblingspflanze
im Wohnzimmer zu sprechen.

Jetzt pass mal auf
du schweigsame Prinzessin
ich habe in meinem Leben
noch keine C-Partei gewählt.

Aber damit das klar ist
was so ein FDP-Oberförster
wie dieser Lindsbums erzählt
interessiert mich unter Null.

Und von diesen anderen Figuren
will ich gar nicht anfangen
pass auf, was du sagst!
Ich bin vollkommen ruhig.

Ich warte auf eine Antwort.
Hier gibt's nichts mehr zu trinken.
Wir haben geschlossen.
Aber wir müssen reden.

EINE MILLION

Der Mann, der mir draußen
vor dem Kino Feuer geben konnte
hatte dreckige Hände und Hosen
die nach Arbeit aussahen
und war nicht so alt wie die Furchen
in seinem Gesicht vermuten ließen.

Er war ein bisschen betrunken
und fing auch sofort zu reden an:
Wissen Sie, was ich machen würde
wenn ich 'ne Million im Lotto gewinne?
Was für eine suggestive Frage
man denkt an nichts anderes.

Er würde in dem Fall einen Film machen
einen Film in zwei Teilen:
Teil 1 – *All Along The Watchtower* über
und mit dem Song von Dylan
Teil 2 – *All Along The Watchtower* über
und mit dem Song von Hendrix.
Klingt interessant, sagte ich.

Dann kam seine Analyse des Songs
und ein Vortrag über die Unterschiede
zwischen Original und Interpretation mit
besonderem Blick auf den Hendrix-Text
in dem es vor allem um die Frauen ginge.
Hatte ich völlig vergessen, sagte ich.

Wissen Sie, was die meisten Frauen
inzwischen von uns Männern halten?
So geht's doch nicht weiter, sagte er.
Und trotz der Million
hatte ich endlich verstanden
dass man auch angetrunkene Männer
die in dreckigen Hosen vor einem Kino stehen
nicht unterschätzen sollte.

FAKTEN

Ich habe 15 Tausend Miese
auf dem Konto
bin 57 Jahre alt
wiege 72 Kilo
schlafe unruhig und unregelmäßig
und wache auch ohne Wecker auf.
Seit 32 Jahren verheiratet
seit 31 Jahren eine Tochter
und dem lieben Gott ferner
als die weiße Taube auf dem Dach
die ich abschießen wollte
als ich ein stolzer Ministrant war
ein kleiner katholischer Junge
der im tiefsten Wald
ein Heft mit nackten Frauen versteckte
und alle paar Tage nachsah
ob sie noch gut in Schuss waren
oder aufgefressen vom bösen Wolf.

DU MIT DEINEM ROCK

Als wir aus dem Kino kamen
fiel mir auf
du hattest einen Rock an
mit vielen Punkten
genau wie die Frau des Busfahrers
der Gedichte in ein Heft schrieb
die Ron Padgett geschrieben hatte
damit der Busfahrer im Film
Gedichte hatte, die er
in sein Heft schreiben konnte.
Ich zeigte mit dem Finger
auf deinen Rock und lachte
und du hast runter
auf deinen Rock geschaut
mit den vielen Punkten
und auch gelacht
über die Frau des Busfahrers
und die vielen Punkte
auf ihrem Rock
und auf deinem
und über uns
und die vielen Punkte
die um uns herum flogen
und ich hätte dich fast
noch ein bisschen mehr geliebt
wenn's möglich wäre.

BLAUE AUGEN

Petra hat zwei blaue Augen
das blaue links vom Exfreund
das blaue rechts vom Neuen.

Der Exfreund schlug sie
weil sie einen Neuen hat
und der neue Freund
weil sie den alten traf.

Petra hat 'ne Freundin
die Freundin ist Französin.
Petra, bist ein dummes Huhn
sagt die Französin Françoise.

Das ist doch alles
nicht so schlimm!
Denn hast du Pech mit den Männern
dann such das Glück in der Liebe!

SCHLAGER

Ich bin draußen.
Ich bin unten.
Ich bin allein.
Ich bin halb tot
seit ich verlassen.

Ich war so blöd
mein ganzes Leben
an dein Scheißleben
dran zu kleben.
Das verblödete Leben.

Ich fühle mich
weiß nicht genau
ich glaub so ähnlich
wie ein Krankenwagen im Stau.

Aber ich weiß jetzt
wohin ich geh:
Ich will ins Fernsehn:
Die dümmste Braut
sucht den tollsten Millionär!

Ich bin allein
ich bin unten
ich bin draußen.
Da kommst du schon mal
auf so eine Idee.

WER MACHT DEN DRECK UND WER MACHT DIE WÄSCHE?

Als die Weltwirtschaftskrise im Jahr 2011
in Griechenland besonders heftig zuschlug
haben Arbeiterinnen und Arbeiter
in Thessaloniki

dessen große jüdische Gemeinde
das ist nicht vergessen
von den deutschen Nazis
fast vollständig ermordet wurde

die Fabrik Viome besetzt
als sie entlassen werden sollten
und ohne die Chefs vom bank-
rotten Mutterkonzern Philkeram Johnson
weitergemacht, bis heute
ohne Unterstützung von diesen oder
jenen Stadt- und Staatslenkern.

Mit dem Boss Frau Christina Philippou
die sich bei Ausbruch der Krise
mit den nicht ausbezahlten
drei Monatslöhnen rechtzeitig
aus dem Staub machte
wurde Klebstoff für Fliesen
ohne sie wird Seife hergestellt.

Die Belegschaft hat schon
17 Zwangsversteigerungen verhindert
und potentiellen Käufern verklickert
dass ihnen eine Menge Dreck
um die Ohren fliegen wird
wenn sie nicht die Beine in die Hand
und sich diesen Viome-Slogan
zu Herzen nehmen:

Denn wir brauchen sie nicht
damit wir gerettet werden
und sie brauchen uns nicht
damit sie kaputt gehen.

Ich vergaß zu erwähnen, dass es sich
um illegal hergestellte Seife handelt.
Es besteht Ansteckungsgefahr
wenn man sich den Kopf damit wäscht.

ABRECHNUNG

Der AfD-Bezirksverband in Oberbayern
hat mehr Mitglieder
als die AfD in ganz Thüringen
während in Niederbayern
die bayerische AfD am stärksten ist.

Wie viele CSU-Mitglieder
stehen am rechten Rand
um unser Dorf wieder
schöner zu machen?

REIFEPRÜFUNG

Die Gesamtforderungen an Reparationszahlungen
für in Griechenland begangene Verbrechen
der Deutschen während des Zweiten Weltkriegs
belaufen sich weiterhin auf mindestens
269 Milliarden Euro.

Im Jahr 2017 wurden in Deutschland
durchschnittlich vier Straftaten pro Tag
gegen jüdische Personen oder Einrichtungen begangen.

Wie hoch sind die Kosten
falls man den Deutschen wieder einmal
ihren Arsch retten würde?

STRANGE FRUIT

Im Zug sitzen in meiner Nähe
vier schwarze Kinder von so sechs bis acht
und singen und lachen und schreien durcheinander
in Vorfreude auf das Legoland
in Begleitung eines Mannes, ihres Vaters, eines Vaters
der sie mal beruhigt und mal anfeuert.
Also ein ganz schöner Lärmangriff
auf einen müden alten weißen Mann
der sich auf sein Buch zu konzentrieren versucht
ein Essay von Toni Morrison
(die 1993 als erste afroamerikanische Frau
den Nobelpreis für Literatur bekam)
über Rassismus in der amerikanischen Literatur:

»Noch immer wird viel nationaler Trost
daraus gezogen, dass man die Träume
von demokratischer Gleichheit aller weiterträumt
was dadurch ermöglicht wird, dass man
Klassenkonflikte, Wut und Ohnmacht
bei der Darstellung von Rasse
unter den Teppich kehrt.«

Keine leichte Lektüre also
bei dieser Hitze, bei diesem Lärm
und ich bin fast versucht
diese Kinder endlich zurechtzuweisen:
Seid leise und benehmet euch ordentlich
damit ich Missy Morrison verstehen kann!

Und wäre es nicht besser, wenn sie den Kindern
den Sound von Toni M. zeigen würden
(sage ich gleich zu diesem Vater oder Entführer)
anstatt dieses dämliche Legoland
mit seinen verzerrten Perspektiven
und falschen Hoffnungen
wenn ich das mal sagen dürfte, Mister!

In einem anderen Zug war es
ein so achtjähriger weißer Junge, der mich
mit seinem permanenten Quengeln quälte.
In der Sitzgruppe neben mir
traktierte er seine arme Mutter
er wolle jetzt diesen Apfel essen
den sie jedoch zuerst schälen müsse
weil er ihn sonst nicht essen könne
worauf die Mutter immer wieder erklärte
dass sie kein Messer habe und
diesen Apfel nicht schälen könne
den er aber unbedingt jetzt essen wollte
wenn er nur endlich geschält wäre

und ich dachte: I cannot believe that fuckin shit
that I will be killed by a fuckin apple

bis mir einfiel, dass ich ja was hatte
womit ich diese Mutter-Kind-Terrorgruppe
zum Schweigen bringen könnte
und mit meinem Messer in der Hand
baute ich mich vor ihnen auf und sagte:
Hier haben Sie das verdammte Messer!

Das ich in dem Moment mit einem
durchdringenden Zzzck aufklappen ließ.

Der Junge verstummte sofort
hatte zum ersten Mal im Leben
den Tod vor Augen
und die Mutter starrte mich angstvoll an
ehe sie voller Dankbarkeit lächelte und sagte:
Siehst du, der Mann hilft uns.

Aber der Mann wollte natürlich
wie üblich
einfach nur
sein eigenes Leben retten.

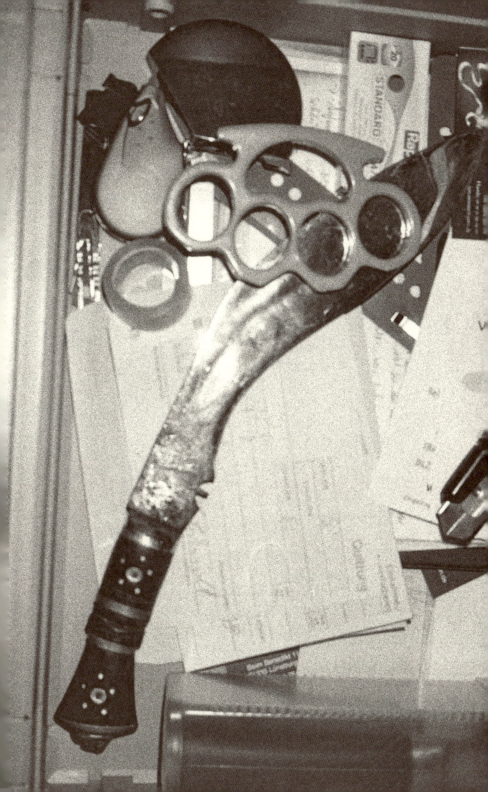

NIZZA NACH MITTERNACHT

Frankfurt Nähe Hauptbahnhof lag ich nachts
im Hotel Nizza bei offener Tür zum Balkon
während unten die Party tobte und ich Jazz im Nizza hörte
und nicht schlafen konnte weil diese Toten
um mein Bett standen nach dem Abend im Jüdischen Museum
an dem wir an den Autor Hans Frick erinnerten
der auch geschrieben hatte er würde es
den Deutschen zutrauen dass sie es jederzeit wieder tun
und er wusste was er mit *es* meinte
denn die Nazis hatten ihn als »Halbjuden« registriert
und obwohl er 1930 geboren noch ein Junge war
wusste er was sie mit den Juden machten
> während unten die Party tobte
> und ich Jazz im Nizza hörte

und auch Sam Shepard neben meinem Bett auftauchte
der grade über den letzten Fluss geflogen war und damals
zuerst Schlagzeug bei den Holy Modal Rounders gespielt
hatte auf der Suche nach irgendwas in New York
Sam mit Patty Smith und Sam mit langen Haaren
und Sam mit Acid Folk ehe er sich ganz
auf seine eigene Sprache stürzte und manchmal bei
Filmen richtig Schotter für seine Farm in Kentucky machte
wenn Typen gefragt waren denen man ansah dass sie
ihr Leben nicht in der Hollywood-Warteschleife verbrachten
und nicht depressiv wurden wenn sie seit drei Tagen
mit keinem wichtigen Regisseur gesprochen hatten
> während unten die Party tobte
> und ich Jazz im Nizza hörte

und auch Jörg Fauser neben meinem Bett auftauchte
vielleicht weil mich eine Frau im Jüdischen Museum
mit Zeug aus seinem Leben vollgequatscht hatte
in London hat er eine Tochter gehabt und sie hatte damals
bei seinen Eltern in der Nachbarschaft gewohnt
und die Mutter hat im Rundfunk gesprochen
aber dann ist er schon mit 43 also nein
das ist doch kein Alter ich bitte Sie
was jedoch dachte ich nichts damit zu tun hatte
dass der ehemalige Junkie Jörg Fauser den guten Rat
des ehemaligen harten Trinkers Frick (über den er einmal
eine wahnsinnige und aufgrund seiner Erfolglosigkeit
wütende Hymne geschrieben hatte) besser ebenfalls
mit dem Schreiben aufzuhören um sein Leben zu retten
nicht annehmen wollte oder es hatte doch
was damit zu tun woher sollte ich das denn wissen
    während unten die Party tobte
    und ich Jazz im Nizza hörte
und auch Lee Morgan neben meinem Bett auftauchte
und hey that's my music hauchte deren Produktion
er schon mit 32 beendete als er in Slug's Saloon
in New York mit seiner Trompete zum letzten Set
auf die Bühne stieg (wenige Wochen nachdem er sich
mit seinen letzten Aufnahmen wieder einmal
auf einen neuen Weg vorgewagt hatte ein Album
das noch keinen Titel bekommen hatte und
The Last Session benannt wurde auf Blue Note
wie fast alles auf dem Label Blue Note das von zwei
vor den Nazis geflüchteten Juden gegründet worden war)
und von seiner eifersüchtigen Frau erschossen wurde
wegen einer Frau oder weil er sich wieder in Heroin

verliebt hatte woher sollte ich das denn wissen
    während unten die Party tobte
    und ich Jazz im Nizza hörte
im Gegensatz zu Emil Mangelsdorff dessen 92 Jahre
alte Hand ich an diesem Abend ergreifen durfte
ein Freund von Jazzfan Hans Frick
der sich bei unserem langen Gespräch damals
gewundert hatte dass ich wie er ein Jazz-Fan
und Country-Fan bin denn solche Leute
laufen nicht im Dutzend durch die Straßen
und wir redeten fast nur über Musik denn er hatte
keine Lust sich über diese Literatur zu unterhalten
mit der er schon lange abgerechnet hatte
und Emil Mangelsdorff damals also von den Nazis
ins Gefängnis gesteckt wurde weil er Jazz gespielt hatte
    während unten die Party tobte
    und ich Jazz im Nizza hörte
nach dem Krieg Mangelsdorff im Jazzkeller Frankfurt
Emil am Saxophon und Bruder Albert an der Posaune
und dann kurvten sie mit ihrem Freund
Hans Frick bedröhnt durch die Nacht
und dann kam Emil Mangelsdorff
so langsam in seinem weißen Anzug auf
einen Stock gestützt im Jüdischen Museum auf
mich zu dass ich es kaum ertragen konnte aber
er hatte gute Laune und er spielte immer noch
und ich fragte mich warum auch er jetzt
an meinem Hotelbett stand denn er lebte doch noch
und ich ging raus auf den Balkon und rauchte
und trank weiter und schlief auf einem Stuhl ein
und wachte wieder auf und sah zurück ins Zimmer

und sie standen da immer noch und warteten
dass ich wieder ins Bett kam und ich winkte ihnen zu
und sagte ihr müsst nicht auf mich warten
ich hab noch ein paar Sachen zu erledigen
    während unten die Party tobte
    und ich Jazz im Nizza
    nach Mitternacht hörte.

KAFKA UND ICH

Auch ich kenne
den berühmten Satz von Kafka:
Im Kino gewesen. Geweint.

Bei mir war es neulich
ein bisschen anders:
Im Theater gewesen. Eingeschlafen.

Es war nur ein Sekundenschlaf
und ich dachte: Zum Heulen
dass ich nirgendwo richtig schlafen kann.

BESUCH VOM NASHORN

Es war so kurz vor Mitternacht
als in meinem Zimmer ein Nashorn stand
und hauchte: Du hast was vergessen, dieses Gedicht
(ich schwöre, sagte ich, habe ich nicht)
für die Hermannsburg-Schule in Bremen.
Das will ich jetzt sofort endlich mitnehmen!

Echt nicht vergessen, sagte ich, und hob beide Hände.
Das Nashorn brummte, da wackelten die Wände.
Ich zeigte auf das Chaos an meinem Arbeitsplatz
aber schrieb auch schon den ersten Satz:

Es war so kurz vor Mitternacht
als in meinem Zimmer ein Nashorn stand
und hauchte: Du hast was vergessen, dieses Gedicht
ich schwöre, sagte ich, habe ich nicht!

ERINNERUNGEN

Ich hatte schon weit über
fünf Jahrzehnte überlebt
als ich zum ersten Mal
in meiner Geburtsstadt war.
Ich hatte nicht viel Zeit und
spazierte planlos durch einige Straßen.
Sah mir alles aufmerksam an.
Als könnte ich etwas entdecken
an das ich mich plötzlich erinnerte.
Schließlich hatte ich immerhin
fünf Monate hier gelebt.
Der Name oder die Adresse
des Waisenhauses war mir jedoch entfallen.
Dann leuchtete an der nächsten Straßenecke
das Schild »Tanzcafé Magnet bei Ali«.
Ich ging rein und sah mich um.
Nichts los am frühen Abend
aber Rock'n'Roll-Plakate an den Wänden.
Ich war mir sicher
dass es hier gewesen sein musste.
Alles kam mir so bekannt vor.
Und wie jeder Vollidiot weiß
bemerken Babys immer viel mehr
als man denkt ... Naja
auch adoptierte Kinder sind
eben seltsame Menschen.

GRABSTEIN

Es wird langsam Zeit für mich
darüber nachzudenken
soll man mich verbrennen
oder lieber begraben?
Und will ich anonym sein
oder mit meinem Namen
auf einer Platte oder einem Stein?

Yvonne sagt, sie ist schon als Kind
auf dem Friedhof umhergestreift.
In der Schule hat sie sich geschämt
weil ihre Eltern Friedhofsgärtner waren.
Ihre Mutter sagte dann zu ihr:
Mein Gott, dann sag doch einfach
wir sind selbstständig.
Erst als sie selbst auf dem Friedhof
zu arbeiten anfing
wurde ihr bewusst, wie toll das ist
diese Ruhe und der Frieden.

Ich besuche oft die Friedhöfe.
Ich habe den jüdischen Friedhof
in Białystok gesehen
der von polnischen Neo-Nazis geschändet
und im Gegensatz zum alten und neuen
jüdischen Friedhof in Prag nicht von
bewaffneten Sicherheitsleuten geschützt wurde
und im tiefsten Süden der USA

neben pompösen Grabmälern
die schlecht zusammengenagelten Holzkreuze
auf die mit krummen Buchstaben
die Namen eingebrannt waren
und in Sigean sah es aus
wie in einer stalinistischen Mustersiedlung
und auf dem protestantischen Friedhof
in Augsburg liegen einige Leute
für die meine Frau manchmal
eine Kerze anzündet.

Wenn sie über ihren Friedhof geht
könnte sie zu fast jedem Grab
eine Geschichte erzählen, sagt Yvonne
und dass sich die Zeiten ändern
und die Kultur der Bestattung
am Aussterben zu sein scheint
denn die Generation, die jetzt stirbt
habe es immer als Last empfunden
zum Friedhof zu gehen.

Schon heute sind mehr als die Hälfte
aller Bestattungen anonyme Bestattungen
und immer mehr Leute sagen
ich will meinen Kindern nicht zur Last fallen
und wenn es eines Tages erlaubt ist
die Urne mit nach Hause zu nehmen
werden die Friedhofsgärtner vielleicht
nicht mehr gebraucht, sagt Yvonne.

Ich weiß noch nicht wie
und ich weiß noch nicht wo.
In dem Pisskaff, wo ich geboren wurde
oder in dem, wo ich aufgewachsen bin?
Oder anonym in dieser dreckigen alten Stadt
vor meinem Fenster
in der ich schon so lange
nie gewesen bin?

Soll ich meine möglichen Hinterbliebenen fragen
was ihnen am wenigsten zur Last fallen würde?

Yvonne sagt, dass die Menschen
nicht wissen, was sie machen sollen
wenn es kein Grab gibt.

Ich kann schon erkennen
es wird langsam Zeit für mich
darüber nachzudenken
soll man mich verbrennen
oder lieber begraben?
Und will ich anonym sein
oder mit meinem Namen
auf einer Platte oder einem Stein?

Ich kann mich einfach
noch nicht entscheiden
und ich weiß nicht, ob ich mich dann
entschieden haben werde.

Aber wenn's einen Stein gibt
könnt ihr draufschreiben:

Er wollte das nicht.

ANMERKUNGEN

DAS MOTTO
Die Werke von Jean Améry begleiten mich seit seinem letzten Buch *Hand an sich legen: Diskurs über den Freitod* (1976). Das Motto stammt aus *Im Banne des Jazz*, eine 1961 veröffentlichte Sammlung von Zeitungsartikeln, die kaum beachtet wird, weil der Autor mit der Auschwitz-Nr. 172364 damit scheinbar nur seinen Lebensunterhalt bestreiten wollte, ehe er mit *Jenseits von Schuld und Sühne* (1966) bekannt wurde.

GEFÄHRLICHES LEBEN
Erstpubliziert in *Nachmittag eines Reporters* (München, 1998) und Andreas Niedermann gewidmet, noch ehe er meinen zweiten Gedichtband verlegen konnte. *Wo der Hund begraben ist* heißt der erste Roman von Ludwig Lugmeier.

WEG ZUR HÖLLE
Wiglaf Droste gewidmet, erstpubliziert im Magazin *Trash* Nr. 10 (Augsburg, 1995), das von Peter Bommas herausgegeben wurde, der für meinen ersten Gedichtband seinen Buchverlag gründete.

DAS BÖSE KOMMT SELTEN ALLEIN
Zur Musik vgl. *Down in Louisiana*, hrsg. von Peter Bommas und Franz Dobler (Augsburg, 1995).

FALSCHE HOSE
Inspiriert, inhaltlich jedoch weit weg von John Lee Hookers 1966 veröffentlichter Version von *One Bourbon, One Scotch, One Beer* des Rudy-Toombs-Klassikers. Parallel zu diesem Buch erscheint der Protestsong mit Musikbegleitung von Das Hobos als Digital-Single auf bandcamp.

HAMBURG OHNE NILS KOPPRUCH AM 6. AUGUST 2013
Mein Freund hatte seit 1997 Musik veröffentlicht, zuerst mit der Band Fink, dann einige Solo-Alben, zuletzt ein Album mit Gisbert zu Knyphausen unter dem Bandnamen »Kid Kopphausen«. Er war auch der Maler »SAM.«. Kurz vor seinem 47. Geburtstag starb er 2012.

ICH WILL DOCH IMMER NUR KRIEGEN, WAS ICH HABEN WILL
Enthält das Gedicht *Zahnfäule in Paris* von Heiner Müller.

FAKTEN
Übernimmt am Anfang das Schema des Gedichts *Fakten* von Charles Bukowski.

DU MIT DEINEM ROCK
Im Jim Jarmusch-Film *Paterson*.

BLAUE AUGEN
Teil einer *Blau*-Serie, die auf der Rückseite des Plakats zu einer Ausstellung des Künstlers Klaus-Martin Treder in Esslingen abgedruckt wurde.

WER MACHT DEN DRECK UND WER MACHT DIE WÄSCHE?
Geschrieben anlässlich der Eröffnung des Ladens »Die Seiferei« in Augsburg, der zur Unterstützung des Viome-Kollektivs gegründet wurde. Die Produkte und das Gedicht als Plakat sind erhältlich bei: seiferei. noblogs.org

STRANGE FRUIT
Ist der bekannteste Song, den Billie Holiday aufgenommen hat, und bis heute eine Hymne gegen Rassismus. »Sie schleuderte ihre Blues den Weißen als radikalen Protest ins Gesicht« (Jean Améry). Das Toni-Morrison-Zitat aus dem Essay *Beunruhigende Krankenschwestern und die Freundlichkeit der Haie*, in: *Im Dunkeln spielen* (Reinbek, 1994).

BESUCH VOM NASHORN
Die Redaktion der Schülerzeitung *Das Nashorn* der inklusiven Oberschule an der Hermannsburg in Bremen hatte mich um ein Gedicht mit Nashorn gebeten.

GRABSTEIN
Teil der Serie *Arbeiterlieder*, die ich auf Einladung des Literaturhauses Hannover zum Projekt *30X – Eine Stadt erzählen* schrieb, basierend auf Sozialprotokollen, in diesem Fall das Protokoll der Friedhofsgärtnerin Yvonne Schmedes.

ICH FÜHLTE MICH STARK WIE DIE BRAUT IM ROSA LUXEMBURG T-SHIRT

Don't let them get you down

Paul Weller

ICH BIN AUCH NICHT GANZ BLÖD

So ein Gedicht kann man
entnahm ich dem Interview mit dem Dichter
eins in sechs Monaten
kann man schaffen – mehr nicht.
Ich glaubte zu verstehen
dass der Mann damit ein geniales meinte
und nicht irgendeins
in dem dann irgendein
beschissener Scheiß steht.

Sechs Monate... Dieses deutsche Gedicht enthält
gemäß den allgemeinen Betriebsanforderungen
eine Mindestarbeitszeit nicht unter sechs Monaten!

Diese sechs Monate machten mich nachdenklich
auch weil er nichts über die Länge sagte.
Sprach er von einem Versepos
das man in sechs Stunden kaum runterbeten kann?
Galt das auch für einen Vierzeiler?

Schaff in einem Jahr zwei Gedichte
oder dein Arbeitsplatz ist zunichte!
Und hast du was dagegen
lassen wir dich im Regen (hängen).

Mir gefällt es, gut genug, um daran
zu arbeiten. Aber sechs Monate?
Dann kam ich dahinter
dass es sich bei diesen sechs Monaten
um einen Tippfehler handeln musste.
Sicher hatte der Dichter neun gesagt
neun Monate – du fängst ein Gedicht an
und neun Monate später ist es
fertig (wenn nichts schiefgeht).

Ein Gedanke, der dem Dichter gefällt.
Ich weiß schon, warum neun Monate.
Ich bin auch nicht ganz blöd.

ALS ICH GEBOREN WURDE

Als ich geboren wurde
kostete ein Dollar über vier Mark und
Billie Holiday starb als in Berlin der
Ausstieg des Führerbunkers gesprengt
wurde auf der ersten englischen
Autobahn hörte Fritz Walter zu
spielen auf um Deutschlands
Position als Land mit den zweithöchsten
Währungsreserven der Welt zu verteidigen
als Billie Holiday starb und trat
Batista in die Eier doch auch die
Sowjets hatten einen Plan den Deutschen
rechte Parteien verbieten und Schallplatten
mit Stereoklang satt hatte es da die SPD
aber endgültig und distanzierte sich vom
Marxismus zur Feier des Tages spielte
das Radio die ganze Nacht *Die Gitarre*
und das Meer als Billie Holiday starb
versprach der neue Bundespräsident das
größte aller Probleme in Angriff zu nehmen
den Hunger in der Welt oder auf der
meinte er nach hundert Sekunden
war Peter Müllers Traum vom
Boxeuropameister im Mittelgewicht
begraben wie in Bayern die

Entnazifizierung nach einem Säureanschlag
auf das Gemälde *Der Höllensturz der
Verdammten* wachte ich schreiend auf und
alle lachten weil ich stammelte Stereoklang
entnazifizierte Batista wurde geboren als
ein Dollar mehr Mark und
Billie Holiday starb.

AUF DEM LAND

Letzte Woche hat ein Waschbär
zwei Dutzend Hühner gerissen
ein paar Tage später
der Fuchs 28 Stück.
Einige schleppte er ab
mit den anderen befriedigte er
nur seine perverse Gier.

An der Amper geben sich
die Biber die größte Mühe
alle Bäume am Ufer umzunieten.
In ganz Bayern herrscht eine Biberplage.
Allein im Landkreis Dachau
sind vier Biberberater im Einsatz.
Sie haben hier keine natürlichen Feinde
aber abgeschossen werden
dürfen sie auch wieder nicht
und auch das bedrohliche Gebrüll
von den Trucks auf der Autobahn
stört sie keine Spur.
Und täglich fallen die Münchner ein
und ballern mit Golfbällen
durch die Gegend.

Dem nächsten Depp
der mir was vom Frieden
auf dem Land erzählt
werde ich schon was zeigen.

ROSA LUXEMBURG T-SHIRT

Es ist gerade erst Mittag
aber schon muss ich ein Bier trinken.
Warum denn auch nicht.
Wo ich nicht einmal ein Recht
auf ein Arbeitslosengeld habe
das ich vertrinken könnte.
Das Bier ist dunkel
wie der Räuber Kneißl in der Nacht.
Auf der Flasche steht sein Name
und ein kleiner Lebenslauf.

Das gefällt mir gut
auf der Veranda sitzen
an die verfaulten Bretter denken
die ausgewechselt werden müssen
in den dichten Wald schauen
ein »Räuber Kneißl Dunkel« schlucken.
Ich fühle mich stark wie die Braut
im Rosa Luxemburg T-Shirt
und möchte der Welt
auch gleich eine runterhauen.

Nur zwanzig Kilometer weiter
wurde der Kneißl eines Tages geboren.
Aber es war eine andere Zeit.
Bevor er mit einer Guillotine
aus dem Leben verschied
hat er viele wilde Tiere

die ihm nicht gehörten
in seinen Besitz gebracht
und sogar Polizisten erschossen.
Er konnte nicht wissen
dass man ihn dennoch
bis heute verehrt oder deswegen.

Gestern habe ich auch schon
an ihn denken müssen.
Wir gingen den Wildschützenweg
die Autobahn rauschte
das Wetter war ideal
regnerisch, kalt, windig
da gehen die Leute lieber daheim herum.
Und bald haben wir fünf Rehe gesehen
so nah, dass ich mein Fernglas nicht
an die Augen zu heben wagte.

Wir blieben ruhig
und sie auch.

Aber plötzlich musste ich fluchen
weil ich bemerkte, ich habe nichts dabei.
Kein Speer, kein Pfeil, kein Stutzen.
Und das in der heutigen Zeit!
So was wäre dem Kneißl nicht passiert.
Trotzdem war der Ausflug auch schön.

TANGO UND BENZIN

Ich machte den Discjockey bei einem dieser bunten Abende
wo einem vorher nicht klar sein kann
was man für wen tun könnte keine Richtung kein Thema
kein Alter keine Schicht nein die Schicht
war schon nicht so weit unten wie sie das selber dachten
und ich orientierte mich nur an mir selbst
und wie üblich in so einem Fall hoffte ich dabei in Ruhe
gelassen zu werden die meisten saßen am
Tisch und diskutierten vielleicht wie man den Kapitalismus
ficken könnte oder wie sie das damals
getan hatten und warum der Schweinepriester dann doch
wieder nicht eingeschlafen war oder über
das Nervenkostüm der zitternden Mutter im Seniorenheim
(»da wird mir aber mal was Besseres einfallen
lass uns eine Alten-WG festhalten«) die keine Ahnung
hatte von den zu erwartenden Steuerproblemen
mit der anstehenden Erbschaft oder jemand sagte die Last
Poets haben das aber besser gespielt falls das
jemand sagte dann Hut ab und ein paar Leute bewegten sich
und ein paar standen auf um sich Bewegung
zu verschaffen und auch ich konnte das jahrelang so
durchhalten und es wären nicht die schlechtesten Jahre als
ein Mann sich zu mir beugte und höflich und zurückhaltend
fragte ob ich etwas spielen könnte zu dem er
mit seiner Freundin eng tanzen könnte und ich nickte
freundlich ganz klar die Erzählung einer Freundin im Ohr
die in dieser Position plötzlich bemerkte wie es ihrem Partner
gute Idee es war ein Abend an dem ich helfen

wollte und er hob verlegen die Hand ob ich vielleicht sogar
Finnischen Tango und ich brüllte aber klar
Mensch ich hatte geahnt dass ich diesmal den Finnischen
Tango endlich einmal brauchen würde und
seine Augen leuchteten und ich stellte mir einen Heiratsantrag
vor und Bewegungen die den Abend in seinen
kapitalistischen Arsch treten würden und als der Song kam fiel
er in ihre Arme aber sie blieb steif stehen und
hörte einige Sekunden zu und er versuchte sie in den Griff zu
bekommen doch sie sträubte sich und sie
zogen ihre Hände hin und her und sahen aus wie die zwei
Männer die einen Baumstamm durchsägen
möglichst schneller als die anderen Männer die einen
Baumstamm durchsägen und dann riss sie sich los und
stürmte zu mir und brüllte mich an spiel doch endlich mal was
Ordentliches und nicht so einen Scheißdreck
und ich war so erschreckt dass ich ihren Freund fast verraten
hätte und sagte gut schöne Frau und dachte
dass ihr kleines Feuer einen Schuss Benzin vertragen konnte
und spielte noch einen Finnischen Tango
und dann kam eine Frau und wollte mich küssen weil ich einen
Finnischen Tango hinter dem anderen gespielt
hatte während mein Traumpaar an seinen Tisch zurückstapfte
und ein Mann *Sex Machine*! in mein Gesicht schrie
während ich die Skatalites anlaufen ließ und langsam wach
wurde und mir bewusst wurde dass ich keinen Plan
nur Verwirrung im Kopf hatte während mehr
von ihren Tischen aufstanden und plötzlich ein Zettel
auf dem leeren Plattenteller Johnny Cash Ausrufezeichen
in besoffener Krakelschrift und ich sagte
nicht vor zehn und suchte Nina Simone

und sah keine Linie aber dachte dieser bescheuerte
Finnische Tango wer hätte – für mich einen Bourbon einen
Scotch und ein Bier! – das denn gedacht
dass der irgendwas macht.

MAGAZINE

Soldaten betraten mein Abteil
das Zehntel von einem Platoon
in Kampfanzügen bereit
das Wochenende zu erledigen.
Sie blätterten in einem Magazin
für die neuesten schweren Waffen.
Ich las in einem Buch.
Man brauchte keinen Feldstecher
um zu erkennen, dass ich
aus der Schlacht letzte Nacht
nicht als strahlender Held rausgekommen war.
Und sie schauten mich an
als wollten sie mich wieder reinschicken.

Kurz vor Ankunft des Zugs
begannen sie heiß zu diskutieren.
Sie hatten nur ein paar Minuten
bis zum nächsten Zug und mussten
schnell zu einem McDonald's kommen.
Aber welcher Weg war zu nehmen?
Und welches Risiko damit verbunden?
War's das wirklich wert
sich auf unbekanntes Gebiet zu wagen?
Ohne gefragt worden zu sein
erklärte ich ihnen den Weg
und erläuterte, dass das Risiko
praktisch gleich Null war

wenn sie sich genau
an den Plan hielten.

Das verblüffte sie.
Einer, von dem sie dachten
er würde sie verachten
half ihnen? Sie täuschten sich.
Ich habe nichts gegen Soldaten –
grundsätzlich.
Mich interessiert immer nur
wofür sie wie gegen wen kämpfen.
Dass sie Waffenmagazine lesen
wundert mich nicht.
Ich blättere auch gelegentlich
in einem Literaturmagazin.

Vielleicht wäre die Welt etwas besser
wenn diese Soldaten so oft
in einem Literaturmagazin lesen würden
wie ich in einem Waffenmagazin.
Vielleicht wäre die Literatur etwas besser
wenn die Literaten so oft
in einem Waffenmagazin lesen würden
wie ich in einem Literaturmagazin.

Der Zug hielt
und wir alle rannten wieder
in den nächsten Hinterhalt.

DRESDEN

Ach, du schöne Elbestadt
muss leider dir gestehn
meine bescheidene Ansicht.

Es war schon
okay & allright
dass die Bomben
am 13. Februar 1945
über dich kamen

deine Schönheit
nur in den Schatten gestellt
von der schönen Eva Braun
neu gestaltend.

ICH BIN SO VOLL

Voll voll voll
ich bin so voll
ich bin so voll voll voll
ich bin hier unten so voll
mein Bauch ist voll
ich bin so voll voll voll.

Gebratener Moslem
gekochter Katholik
gespickter Taliban
gepökelter Papst
getrockneter Scientologe
eingelegter Hindu und
gestopfte Jungfrau Maria.

Oh, mein Gott!

Bin ich voll!
Ich bin so voll voll voll
ich bin so voll
mein Bauch ist voll
ich bin so voll voll voll.

Ich hab sie alle gefressen.

ZEIT GENUG

Im Jahre des Herrn 2009
wurde der englische Bischof
Richard Williamson
der als Mitglied der Piusbruderschaft
exkommuniziert worden war
wieder in die Gemeinschaft der Katholiken
aufgenommen, obwohl er weiterhin
den Holocaust leugnete.
Warum denn auch nicht?
Die katholische Kirche ist doch groß
Platz hat sie für jeden.

Es folgte ein Wirbel
in dem Papst Benedikt der Bayer
Erklärungen abwarf über seinen Schafen
und auch der englische Bischof
begab sich demütig in Nachdenklichkeit.
Er versprach nach Beweisen zu suchen
und sich wenn nötig zu korrigieren.
Aber das werde Zeit brauchen.

Die Zeit
die ein Fallbeil braucht
vom Auslösen des Mechanismus
bis zum Treffen des Genicks
müsste dafür reichen.

MEIN KLEINES DENKVERMÖGEN

Ein Wissenschaftler hat ausgerechnet
wie viele Sterne am Himmelszelt stehen
und an den Zeltdächern dahinter.
Es sind mehr als alle
Sandkörner und Staubpartikel
die auf der Erde herumliegen und -fliegen.

Es grenzt an ein Wunder
was man heute alles ausrechnen kann
unbegrenzt sind die Fähigkeiten der Wissenschaftler
unfassbar und hoch zu loben
viele ihrer Ideen jenseits
des mir bekannten Denkvermögens.

Einer ihrer besten Köpfe wollte wissen
wie groß wohl die Röhre
der Jungfrau Maria war.
Wenn ein großer dicker Mann
aus dem Meer steigt und sich im Sand wälzt
die auf seiner Haut klebenden Sandkörner
hätten 9,6-mal darin Platz gehabt.

Wie immer lässt mich die Frage nicht los
wie hat der das denn bloß gemacht?
Oh, diese verrückten Kerle
mit ihren eleganten Rechenmaschinen!

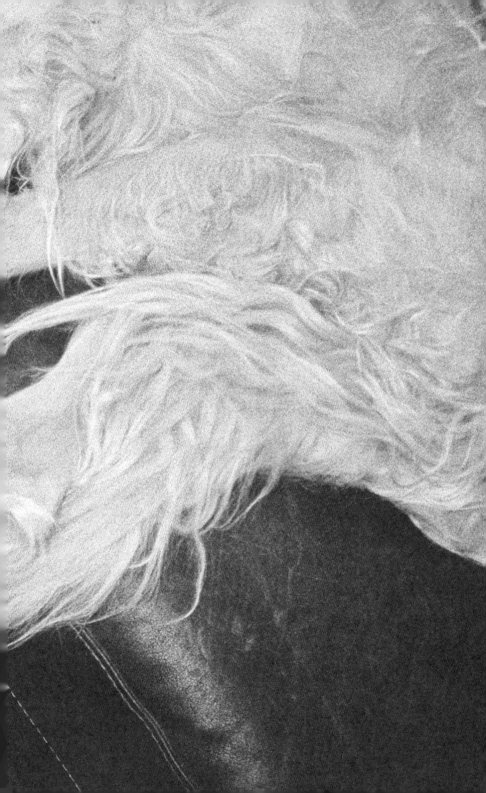

ICH WAR ÜBERALL

Ich seh doch, dass du wohin willst
also sag schon, wo du hinwillst
und ich zeig dir jede Stadt.

Ich war in Schongau Peiting Burggen Altenstadt
Apfeldorf Peißenberg Landsberg Penzing
Heinrichshofen Pfaffenhofen Walleshausen Schwabhausen
Kinsau Dachau Niederau Schwangau
Oberwössen Unterwössen Gaisach Gauting
Maisach Mering Meiersdorf Prittriching.

Ich war überall, Mensch
ich war überall
egal, wohin du willst
ich zeig dir jedes Kaff
ich weiß dir die Bushaltestelle in

Miesbach Affing Ampfing Huglfing
Weilheim Hinterbichl Bergkirchen Waakirchen
Starnberg Penzberg Odelzhausen Lochhausen
Freudenberg Bockhorn Fraunau Feuchtwangen
Petting Poing Poppenhausen Schweinbach
Pfaffing Pfötting Kötzting Kirchensittenbach.

Ich war überall, Mensch
ich war überall
egal, wohin du willst

ich zeig dir jedes Nest
ich bring dich auf den Friedhof von

Neuburg Laufen Lalling Rattenkirchen
Rosenheim Leeder Asch Wolfratshausen
Eschenried Berg Gröbenzell Gröbenried
Faulenbach Ampermoching Wabern Bachern
Wildsteig Wildbach Steingaden Beilngries
Reichenhall Garmisch Neuhimmelreich Ramsau.

Ich war überall, Mensch
ich war überall
und wenn's dich fragen
wo's mich finden
sagst: ich bin bestimmt nicht in

Hurlach Schwifting Pöcking Pullach
Moorenweis Moosreiten Kleinkitzighofen
Unterletzen Rammingen Legau Denklingen
Unterthingau Untrasried Rott Obergünzburg
Kinsau Kissing Oberstaufen Stiefenhofen
Pfaffenhofen Sauerlach Missen Warngau

hau jetzt ab, du blöde Drecksau.

INFORMATION FÜR TOURISTEN

Ein Van holte mich ab
um mich nach Rock City zu bringen
den Felsenpark über Chattanooga, Tennessee
und der Van sah aus wie gebaut für
einen Guerillakrieg in den Appalachen
und auf dem Schild vor mir stand
dass Duane the Taxidriver
24 Stunden pro Tag einsatzbereit war.

Duane the Taxidriver trug eine Baseballkappe
unter der eine zerlegte Panzerfaust Platz hatte
eine dicke Daunenweste
über einem kurzärmligen Baumwollhemd
eine brüllende Monsterfresse auf diesem Unterarm und
ein Brustbild von Jayne Mansfield auf dem anderen.
Duane the Taxidriver war ein kleiner schmaler Typ
der aussah, als würde er zwischen den Einsätzen
nicht schlafen, sondern Bäume ausreißen
und sie dann in den Fluss werfen.
Mit zwei Fingern steuerte er sein Schiff
durch den dichten Morgenverkehr der Innenstadt
und seine Augen wanderten unablässig von links
nach rechts über die Frontscheibe.

»Darf ich Sie mal was fragen?«
»Yessir.«
»Ist das Ihr eigenes Taxi?«
»Yessir.«

»Und man kann Sie wirklich
24 Stunden pro Tag anrufen?«
»Yessir.«
»Und Sie sind der einzige Fahrer?«
»Yessir.«
»Und warum gibt es in einer großen Stadt
mitten in Tennessee kein einziges Lokal
in dem eine Bluegrass-Band spielt?«
»Aha«, sagte Duane the Taxidriver
ohne seine Verkehrsbeobachtung für einen Blick
zu mir zu unterbrechen, und dann
dachte ich lange darüber nach
ob ich die Frage wiederholen sollte.

»Wer sagt das?«
murmelte er schließlich.

Ich klopfte ans Fenster: »Ich war hier
den ganzen Abend unterwegs und habe
zwanzig Leute gefragt, nein, es waren dreißig!«
»Aha«, sagte Duane the Taxidriver.
»Sie waren hier im Zentrum.«
»Yessir, das war ich, in jeder Straße
und wissen Sie, was, Sir? In jeder Straße zweimal!«

Er zupfte am Schirm seiner Kappe herum
und suchte in den umliegenden Wäldern
nach Worten und dann schraubte er den Van
durch die Haarnadelkurven nach Rock City hinauf
ohne einen dritten Finger ans Lenkrad zu legen
und dann knetete er die Brüste von Jayne Mansfield

und dann sagte er: »Sir, es ist so, Sir
Sie müssen wissen, es gibt hier einige Kneipen
wo Sie unsere Musik hören können
aber wissen Sie, was das Problem ist, Sir?
Die reichen Leute kennen die Kneipen nicht
wo die armen Leute hingehen.«

»Ja, ich weiß schon«, sagte ich.
»Aha«, sagte Duane the Taxidriver.

MEINE MARKE MAKER'S MARK

Ich stand seit etwa zwanzig Jahren
an dieser einsamen Straßenkreuzung und
schaute in alle vier Himmelsrichtungen.
Wann kommt er endlich und
macht mir das Angebot?
Angeblich kommt er und
macht dir das Angebot
wenn du dazu bereit bist.
Ich war immer bereit
aber keine Spur weit und breit
von diesem Teufel
der meine Seele kaufen will.
Reingefallen auf eine dieser Legenden
für die es nie einen Beweis gibt
nur ihre blendende Schönheit.

Plötzlich klingelte das Telefon.
Ich hatte mich schon gefragt, was das sollte
eine Telefonzelle an einer einsamen Straßenkreuzung?!
Würde sie jemand kippen und mich reinlegen
wenn meine Zeit um war?
Ich nahm den Hörer ab
und erinnerte mich an die alte Regel:
Sei freundlich, wenn du allein
an einer einsamen Straßenkreuzung stehst.
»Ja, was kann ich für Sie tun?«

»Könnten Sie sich vorstellen für
Maker's Mark Kentucky Straight Bourbon
Whisky Werbung zu machen?«

Ich drehte mich um und schaute
in alle vier Himmelsrichtungen
aber da war niemand, der mir den Hörer
aus der Hand reißen wollte.
»Ich wüsste nicht, wofür ich sonst
Werbung machen würde«, sagte ich.

»Sind Sie sich sicher?«, sagte die Stimme.

Ich erinnerte mich
an die Whiskeys und Whiskys
mit denen ich schon zu tun gehabt hatte.

Jim Beam bläst den Kopf weg
Johnnie Walker macht eine Wampe
Jameson ist Dreck und
Ballantine's eine Pampe.

Jack Daniel's zersetzt den Magen
Wild Turkey dreht ihn um
Four Roses liegt drin wie ein Klotz
Tullamore Dew ist dünn wie Stroh
Canadian Club kannst du vergessen
und Bushmills hab ich auch gefressen
Glenfiddich ein Angebergesöff
Paddy eine Plörre und
VAT 69 verträgt kein Schwein.

Buffalo Trace stinkt
George Dickel ist schlimmer
Fighting Cock viel schlimmer
Cutty Sark was für Anlagebetrüger
Heaven Hill für Messdiener
Rebel Yell Jauchegrube
Black Velvet Damenbinde
Rittenhouse Rye riecht im Abgang.

»Sind Sie wirklich ganz sicher?«, sagte die Stimme.

»Sicher ist sicher«, sagte ich.

»Dann haben wir einen Vertrag.«

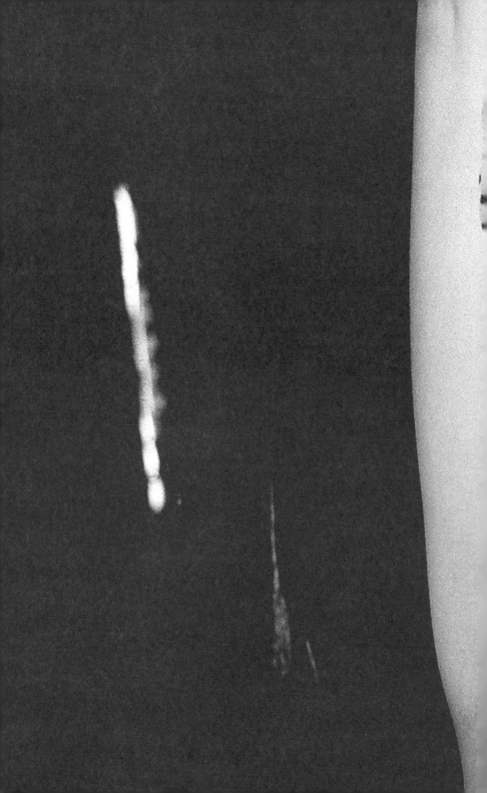

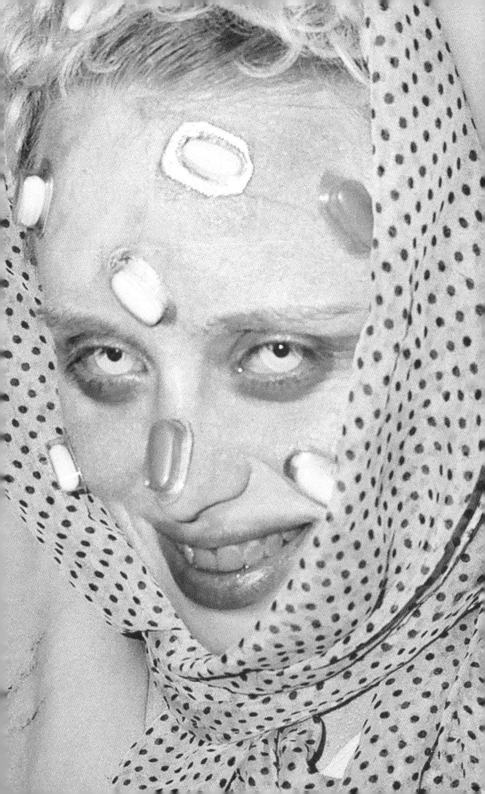

WENN DIE UHR SCHLÄGT

In manchen Nächten erwache ich
vom Schlagen der Uhr
Bim-Bang
machte die Uhr im Wohnzimmer
bei uns zuhause
mein Zimmer war daneben
und ihr Bim-Bang dröhnt bis in mein Herz
und mein Herz erschrickt
und bleibt stehen und weckt mich
bevor es zu spät ist.
Die Uhr schlug ein Bim-Bang
zur halben Stunde
und zur vollen Stunde
ein Bim-Bang mal zwei bis zwölf.
Ein Uhr mittags oder nachts
konnte man also mit einer halben Stunde
verwechseln und sowieso jede halbe Stunde
mit einer anderen halben Stunde.
Wenn ich nicht im Bett lag
konnte mich diese Uhr natürlich
aber wenn ich nachts von einem Bim-Bang
aus dem Schlaf gerissen wurde
zählte ich mit, wie oft es Bim-Bang machte
und fragte mich dann, ob ich
vielleicht ein Bim-Bang verpasst hatte
und wenn ich eine halbe Stunde später
ein einzelnes Bim-Bang hörte, fragte ich mich
ob es halb eins, eins, halb zwei

oder schon halb vier war.
In manchen Nächten erwache ich
weil mich das Bim-Bang der alten Uhr über
viele Jahre und Kilometer hinweg erreicht hat
und frage mich eine Sekunde lang
ob das eine Nachricht sein könnte
von meinen toten Eltern
oder von den Toten, die sich beklagen
dass ich ihre Gesichter vergessen habe
oder ob ich im Zimmer neben dem Wohnzimmer liege
und der Rest meines Lebens war nur geträumt.
Das Bim-Bang dröhnt noch nach in meinem Kopf
und jemand kommt ins Zimmer
und schlägt auf den Lichtschalter.
Das Licht blendet mich, ich kann nichts sehen.
»Haben Sie Ihre Tabletten eingenommen?«
»Natürlich.«
»Dann ist gut, dann ist alles in Ordnung.«
Dann schlägt die Hand wieder auf den Lichtschalter
und ich kann hören, dass wir alle wach sind
und nichts erkennen können in der Nacht
und ich erkläre ihnen, dass es theoretisch
gesehen ganz generell nur sechsundzwanzig
Möglichkeiten gibt, wenn es einmal Bim-Bang macht
und dass es meistens schon eine halbe Stunde
später klar ist, in welcher Zeit wir liegen
und dass es nur in der Nacht eine
relativ kurze Phase gibt, in der die
Orientierung schwierig ist, wenn die Uhr
einmal Bim-Bang schlägt und wir nicht wissen
können, ist es halb eins oder eins oder halb zwei

oder doch schon halb vier, und das ist die Phase
in der ich ihnen das jede halbe Stunde
erklären muss, weil diese Verfluchten es
einfach nicht kapieren, aber ich erkläre
es ihnen gern immer wieder, weil ich doch weiß
mitten in der Nacht wollen wir alle das
unbedingt ganz genau wissen, damit sie nicht
glauben, sie sind verlorengegangen
irgendwo zwischen halb eins und eins
das kann ich nicht zulassen
kann ich nicht ertragen
kann ich nicht verantworten.

†

**ES WAR
ALLES
UMSONST**

AN DER STRASSE INS NICHTS

Da geht schon wieder ein Junge
auf der breiten Straße ins Nichts
geht vorbei an der letzten Ausfahrt.
Die Seelen, die verloren haben, gehen
langsam auf der breiten Straße ins Nichts
und sie sehen nur geradeaus.
Selten dreht eine den Kopf
wenn ich sie anspreche
komm hierher zu mir
dies ist die letzte Ausfahrt
sieh dich ein wenig um
kann doch sein, du willst bleiben
weitergehen kannst du immer.
Niemals folgt jemand meiner Einladung.

Ich weiß nicht
wo sie am Ende der Straße
ins Nichts landen
und will es auch nicht wissen.
Es macht mir Angst.

Ich habe Angst vor dem Sterben
ich habe Angst vor dem Tod
und deswegen trinke ich
und will nicht schlafen
und deswegen komme ich
in manchen Nächten

auf den seltsamen Gedanken
ich möchte wieder beten können.

An der letzten Ausfahrt
der Straße ins Nichts
steht ein rauchender Koffer.
Sie haben ein Mädchen
in den Koffer gepackt
und hierher transportiert
mit Benzin übergossen und angezündet
während ihr Herz noch schlug.
In manchen Nächten
kann ich mich fast nicht erinnern
warum ich gegen die Todesstrafe bin.

Ich stehe oft an der letzten Ausfahrt
der breiten Straße ins Nichts.
Sie gehen vorbei
und ich winke ihnen zu.
Niemals winkt jemand zurück.

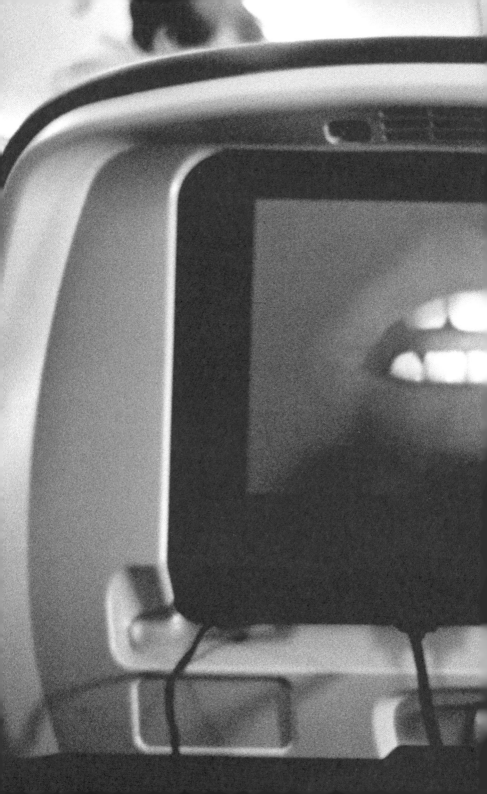

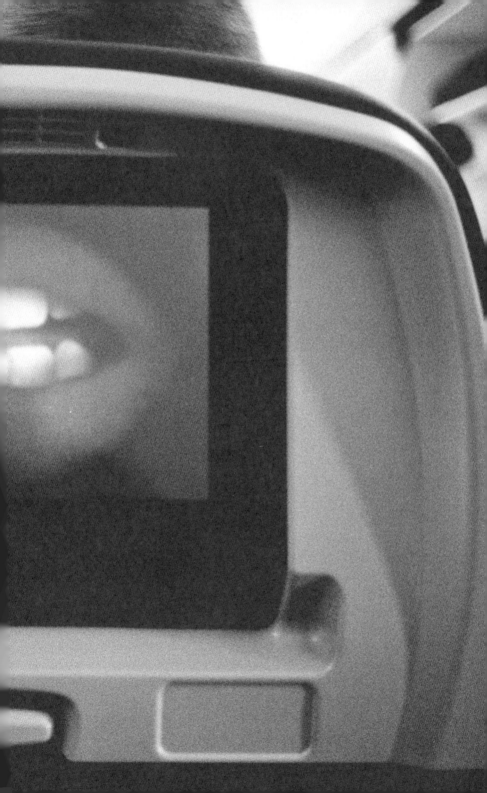

DER MANN ZWISCHEN MADSEN UND BUSCEMI

Edward Bunker machte es
eigentlich wie die meisten Schreiber.
Eine Zeitlang setzte er sich hin
und las und schrieb
und dann kam wieder die Zeit
wo er rausging und schaute
ob er auf dem richtigen Dampfer
oder am falschen Ausgang war.
Edward Bunker sitzt auch
am Anfang von *Reservoir Dogs*
als Mr. Blue zwischen Michael Madsen und
Steve Buscemi, dem er dann klar macht
dass Kellnerinnen einen Scheiß verdienen
und dass er deshalb endlich sein
verdammtes Trinkgeld rausrücken soll
damit sie endlich in die
verdammte Bank abziehen können
das verdammte Geld rausholen.
Wenn der Boss den Hunden
weil sie bei der ersten Besprechung
nicht sehr aufmerksam sind
von den fünf Jungs erzählt
die in San Quentin sitzen und sich fragen
warum sie geschnappt wurden, ist
Edward Bunker im Bild hinter Harvey Keitel.
Aber er hatte wirklich in San Quentin
oder in Vacaville gesessen
insgesamt achtzehn Jahre

und ein paar Romane.
Als er starb zweitausendfünf
hatte er es eigentlich so gemacht
wie man's eben so macht.
Wenn er drin war, hat er geschrieben
wenn er draußen war, neuen Stoff gesammelt.
Ehe er irgendwann soweit war
draußen zu schreiben
wie es drinnen gewesen war.

ES IST LAUT

Die Katzen
kreischen
die Vögel
machen Lärm
die Schafe
der Hund
der Hahn
die Hühner
die Autos
machen Krach
und die Züge
und dann
und wann
ein Flugzeug.
Nur der Pfeil
den mein Bogen
abschießt
ist leise.

DER NEUE EUROPAMEISTER

Ich saß auf einem Stuhl in der Sonne
auf dem Heuhaufen neben mir lag die Katze
eine äußerst scheue Katze
sie wohnt drüben auf dem Hof
und es dauerte zwei Wochen
bis die Neugier siegte und sie sich
über den Bach in meine Nähe wagte
und dann nochmal eine Woche
bis sie nicht mehr davonschoss
wenn ich nur den Zeigefinger krümmte.
Dann kam sie immer näher
dann blieb sie neben mir sitzen.

An manchen Tagen war die Katze
das einzige Lebewesen, mit dem ich sprach
und wie alle, die zu einem
schweigenden Publikum sprechen
hatte ich den Eindruck, dass sie es mochte.
Es war ein großer Moment
als sie auf den Tisch sprang
an dem ich saß und ich versprach
auch einmal in meinem Leben
über eine Katze zu schreiben.
Ein kleines Gedicht, sagte ich
aber dann ist Schluss, damit das klar ist.

Wir hörten uns ein Radiomagazin an.
Eine neue Krankheit, sagte das Radio.

Ich war aufmerksam, vielleicht
hatte ich was und wusste es nicht.
Wir hörten von einem Mann
der sich seine gesunden Beine
hatte amputieren lassen
weil er lieber keine haben wollte.
Body Integrity Identity Disorder.
Körperintegritätsidentitätsstörung
das ist die mieseste Wohlstandskrankheit
von der ich je gehört habe
sagte ich zur Katze
diese Typen sind mir unheimlich
die sind wie Killer
die von ihrem Opfer Mitgefühl möchten
bevor sie es abschlachten
und mein kleiner Finger sagt
das ist wieder so ein echter Männersport
der den Frauen zu blöd ist
aber ich glaube nicht, dass eine Katze
das beurteilen kann.

Was ich glaube ist, dass diese Leute
einen schweren Hammer haben
und wahrscheinlich behaupten sie
dass ein Mann, der mit einer Katze redet
einen genauso schweren Hammer hat.
Den ich hätte, wenn ich dir damit
den Schädel einschlagen würde
weil du mir nie eine Antwort gibst.

Dann spielte das Radio die Beatles
mit *All You Need Is Love*
und ich sagte zur Katze, das ist kein Zufall.
Dann kam ein Gast in die Sendung.
Ich darf unseren Studiogast begrüßen
sagte der Mann im Radio, er ist
der neue Europameister der Tierpräparatoren!

Sag jetzt nichts
fauchte ich die Katze an
lass mich einfach in Ruhe
sonst fange ich auch damit an
und du bist mein erster Trainingspartner
und vorher hacke ich mir eine Hand ab
und ich erwarte etwas mehr Respekt
denn der zu dir spricht
ist der nächste Europameister
der einhändigen Tierpräparatoren!

DU WIRST DICH WUNDERN, BABY

Einmal am Tag
verließ ich das Zimmer
und ging die Potsdamer Straße
rauf und wieder runter
und fast immer sah ich Erika
an derselben Ecke.

Sie stand an einem Streukasten
und ich ging schneller vorbei
und wagte nicht hinzusehn
weil sie so gut aussah
weil ihr Gesicht so hart war
weil ihr Rock so kurz war
und ihr Bein so schön
wie es da stand
zwischen zwei Krücken.
Deswegen und trotzdem
hatte sie einen schlechten Platz.

Junger Mann, hast du Feuer?
sagte sie ziemlich leise.
Unfreundlich zu sein
war schlimmer als sie anzusehn
und ich näherte mich
Kopf nach unten
in meinen Taschen wühlend
und als ich ihr Feuer gab

fiel ich in ihren Ausschnitt
doch sie hielt mich fest am Haken.

Auf einem Bein stehste schlecht
so ist das eben, sagte sie
doch du wirst dich wundern, Baby
dass es mit einem genauso gut geht
oder mit der Prothese
die zuhause liegt
das siehste doch
dass alles andere da ist
und nicht schlecht aussieht
das hab ich schon gesehn
dass du das siehst.

Ich hatte keine Erfahrungen
ich hatte sie nötig
ich hatte zwei Beine
und tausend Probleme.

Es machte dreißig
und zwanzig extra mit Prothese
doch die Prothese
die brauchte ich nicht.
Die meisten Männer
die Erika brauchten
brauchten die Erika
mit der Prothese.

Danach ging ich die Potsdamer Straße
ein paar Tage in die andere Richtung runter

weil ich verwirrt war
weil ich immer an sie dachte
weil mir das Geld fehlte
weil ich Angst hatte und
weil ich nicht wusste warum und wovor und
weil ich zwei Beine hatte
aber tausend Probleme.

RAY CHARLES

Was mir
in der Ausstellung hier
so gut gefallen

hat ist
  hat ist
    no more
      hat ist

Ray Charles
und sein *Playboy*-Heft
in Blindenschrift.

KIRCHENLIED

Wir haben nicht gelogen
wir haben nichts verschoben
und keinen durch Kakao gezogen.

Wir haben nicht geschlagen
war'n nicht bei den Gelagen
und ham keine arme Sau vergraben.

Wir haben keine Sünden
wir haben keine Sünden
und wollen jetzt die Kerze zünden.

BLÖDE WOCHE

Am Montag hab ich sie gesehen
Am Dienstag hab ich sie geküsst
Am Mittwoch hab ich sie überall geküsst und
Am Donnerstag dann ganz flach gelegt
Am Freitag hab ich sie ausbluten lassen
Am Samstag hab ich sie vergraben und
Am Sonntag hab ich sie vermisst
  gemeldet.

Am Montag haben sie mich angehalten
Am Dienstag in den Bau gesteckt
Am Mittwoch hatte ich keine Zigaretten mehr
Am Donnerstag wollte mich meine Frau nicht mehr
Am Freitag musst ich meinen besten Freund verpfeifen
Am Samstag ham mich alle Bullen ausgelacht und
Am Sonntag kam auch noch der Pfarrer.

Also mal ganz ehrlich
meine beste Woche
war das nicht.

VERHÄNGNISVOLLE FRAU

Ich habe Nico
in einem ihrer letzten Konzerte
gesehen. Sie hatte ein
langes weißes Kleid an.
Sie saß auf einem Stuhl
und sang ihre Lieder.

Sie war nicht mehr so schön.
Sie war immer noch schön.
Sie war so schön.

Sie war immer noch
die Frau mit der Stimme.
Da war diese Stimme.

Ein Mann aus dem Publikum rief ihr zu
sie solle *Femme Fatale* singen.
Er rief immer wieder dazwischen:
Verhängnisvolle Frau!
Immer wieder: Femme Fatale!
Verhängnisvolle Frau!
Dieser volle Idiot!
Immer wieder dazwischen:
Femme Fatale!
Verhängnisvolle Frau!

Nico lächelte
irgendwann sehr müde
und sagte leise
ganz sicher nicht.

KLAUS KINSKI WUTANFALL

In Sopot, Kociuszki 10
ist die Bar & Galerie Kinski
weil Kinski in Sopot geboren wurde.

Es gibt Bogracz Transsylwanski zu essen
und Pieszczochy Kinskiego
es gibt einen Nosferatu Toast
und einen diabelskie Tosty
und wem das nicht passt
der bestellt einen Cocktail Cobra Verde
oder den Biercocktail Nosferatu
mit Grapefruitsaft und
drei Scheiben Orangen.

Jede Nacht Punkt 12
kommt Klaus Kinski
in die Bar & Galerie Kinski geflogen
und schlägt alles kurz und klein
weil zwischen historischen Filmapparaten
und Bildern aus Filmen
nur zwei Fotos zu sehen sind
auf denen er zu sehen ist.

MEINE FRAU IST GEFÄHRLICH

Mir ist so langweilig
meine Schuhe laufen schon
ohne mich rum.
Warum gehst du morgens
um sechs aus dem Haus
und lässt mich allein?

Arbeit macht krank
das weiß doch jeder
macht den Charakter kaputt
macht die Gefühle kaputt
macht deine Beine kaputt
das ist doch nicht gut.

Lass uns eine Bank überfallen
oder deine Eltern erpressen
mit deiner Spieldose spielen
oder in der Röhre was braten.
Aber lass mich nicht allein
bleib von der Arbeit daheim
du herzloses Miststück
du spießiges Biest.

Mir ist doch so langweilig
meine Schuhe laufen schon
ohne mich rum.

Ich weiß nicht, wo ich hier bin
und was ich hier tu
aber das hab ich nicht getan
Herr Kommissar, ehrlich
gehn Sie mal zu meiner Frau
die ist wirklich gefährlich.

IM BLOCK DES GRAUENS

Mit einem Schlag war ich wach
mitten in der Nacht
einer dieser großen Streifenwagen
raste kreischend vorbei
die Sirene und der Motor
rissen Fetzen aus der Welt
jagten blutverschmierte Höllenhunde
um den Block des Grauens
in den Straßen von San Francisco
drei Uhr sechsundvierzig.

Aber das war es nicht
was mich geweckt hatte.
Ich schob das Fenster hoch
und zündete mir eine Zigarette an
schaute runter in den Innenhof des Hotels
in dem nur Mülltonnen standen
ein gemeiner Geruch stieg auf
aber es bewegte sich nichts
ich beobachtete die drei Hauswände
in einigen Zimmern brannte Licht
aber alles schien friedlich.

Dann brüllte ein Mann
Oh my God! aus vollem Hals
ein schrecklicher Aufschrei
ich zuckte zusammen
der Mann wurde geschlachtet

und der Streifenwagen raste
an die falsche Adresse
und nach einer kurzen Pause
brüllte er wieder
Oh my God! aus vollem Hals
und ich hörte das Monster schmatzen
das sein Fleisch fraß
und wich ins Dunkel zurück.

Erst nach dem nächsten
schrecklichen Schrei war mir klar
der Mann wurde nicht geschlachtet
kein Leben wurde ihm genommen.
Einen wie den hatte ich nie gehört
und außer ihm hörte man
nichts und niemanden.
Nur immer wieder sein dummes
Oh my God! aus vollem Hals
und es schien Stunden zu dauern
und die Bullen fanden ihn nicht
und seine Stimme brachte mich
auf keinen guten Gedanken
und ich rauchte die nächste
und spuckte in den Innenhof
und erinnerte mich an alle Jobs
die mir endlos vorkamen
und an die, die zuerst Spaß machten
und bald in Geschrei endeten.

Ich rauchte und hielt
den Kopf aus dem Fenster

und ließ den Arm raushängen
mit der glühenden Zigarette
und passte auf, dass mich
niemand dabei beobachtete
und versuchte den Rauch
der ins Zimmer wehte
nach draußen zu pusten
denn es kostete 300 Dollar
wenn der Rauchmelder losging
und wenn ich ausgeraucht hatte
warf ich die Kippe nicht in den Innenhof
sondern rannte zum Wasserhahn
und löschte sie und wickelte sie
in eine dicke Schicht Klopapier
und spülte sie im Klo runter.
Auch eine Zigarette zu rauchen
kann eine zähe Sache sein.

DIE EINEN MÜSSEN ES TUN

In der Mitte eines kalten Februars
gehe ich in das Zimmer
in dem's keine Heizung gibt
und das Fenster zu kaputt ist
um die Kälte abzuwehren.

»Muss paar Stunden in Ruhe
was lesen«, erkläre ich meiner Tochter
»mit Mütze und langen Unterhosen
muss ich ein Buch lesen
was für ein Wahnsinn!«

»Gibt Schlimmeres«, sagt sie.

»Ja? Tatsächlich? Was denn?«

»Zum Beispiel jetzt draußen als Müllmann«.

»Stimmt«, sage ich leicht angeschlagen
»bei dieser Kälte die Klugscheiße
anderer Leute abholen, das ist übel«.

Aber nicht so übel wie
in einem toten Nest ein Loch zu buddeln
das keinen Sinn hat außer
für die Fotoapparate der Touristen.
Doch meine Füße werden immer kälter
kein großes Buch kann sie erwärmen

und nicht die Vorstellung
von einer Go-Go-Tänzerin
in einem goldenen Käfig
direkt über meinen Augen.

»Die einen müssen es tun,
die anderen müssen es aufschreiben,
sagt der Nachtportier«.

Bei manchen Sätzen
vergisst man die Kälte.
Bei manchen Sätzen
vergisst man den Hunger.

Wenn er nicht so stark ist
dass die Tänzerin im Käfig
kein Bein mehr heben kann
wenn er nicht so stark ist
dass man sich fragt
ob man den Nachtportier
wenn er mit im Flugzeug sitzt
wenn das Flugzeug an einem Berg
wenn überall nur Eis und Schnee und
wenn die Rettung bestenfalls
wenn überhaupt
wenn nichts mehr zu essen
wenn dann ein Feuer zum Braten
das wäre doch dann nicht schlecht.

EINE TOLLE EINRICHTUNG

Es gibt nicht viele Schalter
mit der Fähigkeit, die Kontrolle abzustellen.
Es gibt nur sehr wenige.

Sucht kann einen Menschen
in eine Maschine verwandeln
und wenn sie genug Energie hat
wieder zurück – oder nicht.
Sie muss nicht lebensgefährlich sein
und keinen Hinweis zeigen
wenn sie jemanden fast getötet hat
auch nicht das Glück, das jemand spürt.
Sie gibt nichts auf die Meinung anderer
wenn nötig, tarnt sie sich und frisst
bis sie genug Macht hat
um auch die Tarnung
in den Wind zu schießen.

Sucht kann sich alles greifen
sie mag Katzen, Papier, Bier
Handfeuerwaffen des frühen 17. Jahrhunderts
von Nadeln gespickte Genitalien
oder Schuhe aus Italien.

Das eigene Kind
ein fremdes Kind
sogar ein Kind, das nicht existiert.

Als der Mensch sich aufrichtete
und einen Stein in der Hand hielt
und überlegte, was er mit ihm
alles anstellen könnte
hatte sie ihn gepackt.

DIE KRISE DIE MIESE

Die Krise, die Krise
mir's auch schon ganz miese
jammert Margot auf ihrer Bank
auf der sie sitzt
ob gesund oder krank
aber im Winter keine acht Stunden
das hält sie nicht mehr aus
obwohl sie noch nicht alt
ist und aus dem Bayrischen Wald
kam irgendwann, falls das stimmt.
Aber sie hat's doch ganz gut
kann keine Miesen
machen in diesen Krisen
außer Wut nichts verlieren
und wenn sie nach fünf Bieren
(ich überweise ihr immer was
wenn ich am Schalter vor ihrer Bank steh)
nach Hause geht oder wo sonst
ihr Herz weiter schlägt
blinken die roten Lampen
der Banken, die sie passiert.
Was heißt'n das jetzt, will sie wissen
dieser Scheiß mit ihrer Krise
also du gehst da rein und sagst:
Raus mit dem Moos
aber die lachen bloß?
Ich schau rauf zum Himmel
vier Schwäne ziehen dahin

und dann ein Hubschrauber
der mit seinen Klingen
acht aus ihnen macht.
Gib mir'n Schluck, Süße
ich geb dir mehr Geld
und sieh mal, da oben
das sind die Regeln der Finanzwelt.

VATERTAG IM SPORTHEIM

Es war nichts los
an diesem Sonntagnachmittag im Sportheim
die Mannschaft kämpfte auswärts
um den Aufstieg in die B-Klasse.
Nur zwei Männer an einem Tisch
in einer müden Stimmung
und nur weil einer sagte
dass früher mehr los war am Vatertag
bekam ich mit, es war Vatertag
und war genauso betroffen.

Ich weiß auch nicht, sagte der Ältere
soll ich dieses blöde Haus renovieren
oder soll ich's abreißen?
Ich kann mich einfach nicht entscheiden
so geht das seit vier Wochen
es ist zum Wahnsinnigwerden
aber mit dem Alter
wirst du immer schwuler
da kannst du nichts machen.

Die junge Bedienung
ging durch den Raum
in einem engen Oberteil mit Tigermuster
auf dem geschrieben stand
Miss Wet T-Shirt!
Das sah glaubwürdig aus und
alle Augen stimmten für sie.

Was meinst du denn damit?
fragte der Jüngere und lachte unsicher
soll ich vielleicht immer schwuler werden!?
Sollen nicht, aber sehen
wirst du es schon noch, sagte der Ältere
ich lasse mir immer mehr sagen
der sagt was und der sagt was
der eine sagt das Haus renovieren
der andere sagt abreißen
als ich so alt war wie du
mit 25 habe ich mir doch
von keinem was sagen lassen.

Ich zahlte und ging
und war traurig gestimmt
weil es früher am Vatertag besser war
als alle schnell so besoffen waren
dass keiner mehr wusste
wo ist hinten, was ist vorn.
Reiß das scheiß Haus ab
sagte ich im Rausgehen
aber mach's mit einer Ladung Dynamit
sonst heißt es noch
du bist schwul.

DER LETZTE DJ

Der letzte DJ
ist am Ende angekommen
und spielt das Lied
das du dir wünschst.
Er war auf Ibiza
und er war in Madrid
in einem miesen Loch in Belgrad
in einem hellen Loft in New York.
Er hat überall gute Freunde.
Er hat sie backstage in Liebe
und bei Sonnenaufgang
umfallen gesehn.

Der letzte DJ
ist müde, er hat das Gefühl
es ging nicht so viel
und nichts geht mehr
seine beste Tasche hat er vergessen
und alles ist seine eigene Schuld.
Er wünscht sich nur noch
ein Haus am Meer
ein Segelboot, ein Motorrad
viele Kinder.

Der letzte DJ
träumt nachts von einer Maxi-Single
auf der er mit seiner Liebsten
durchs All fliegt.
Es herrscht eine seltsame Stille.

ANMERKUNGEN

ALS ICH GEBOREN WURDE
Der »Feierabendphilosoph« Walter Menzl (1906–1994) hatte seinen Anschlag auf das Gemälde *Der Höllensturz der Verdammten* von Peter Paul Rubens in Briefen an Münchner Tageszeitungen angekündigt. Mit der Tat wollte er auf sein kaum beachtetes Buch *Leben und Tat* aufmerksam machen und außerdem »der Anti-Atom-Bewegung zum Durchbruch verhelfen«. Auch seine geplante »Weltpartei der Universalisten« war kein Schlag ins Wasser, wenn man bedenkt, dass kurz nach seinem Tod ein Roman über den gelernten Vermessungstechniker erschien.

ROSA LUXEMBURG T-SHIRT
Es ist doch nicht unwahrscheinlich, dass der gebürtige Unterweikertshofener Mathias Kneißl von einer Revolutionärin Rosa Luxemburg gehört hatte, als er 1902 in Augsburg hingerichtet wurde. Er war nicht der Erste oder Letzte, der »vergebens beteuert« hatte, »dass er die beiden Gendarmen nicht töten, sondern nur zurücktreiben wollte, um fliehen zu können« (W. L. Kristl). Das »Räuber Kneißl Dunkel«-Bier der Brauerei Maisach ist heutzutage womöglich das einzige Bier, das nach einem Copkiller benannt wurde und es wird mit den Slogans »Das Illegale aus dem Münchner Norden« und »Der dunkle Wahnsinn« beworben.

TANGO UND BENZIN
»One Bourbon, one Scotch and one Beer« (John Lee Hooker).

ICH WAR ÜBERALL
Nach dem Song *I've Been Everywhere* des australischen Countrysängers Geoff Mack, dessen speziell für Hank Snow verfasste amerikanische Version ab 1962 um die Welt lief. Unter den zahllosen Covers und Parodien ist das stimmungsvoll verdrehte *I've Drank Every Beer* von Jon Chalmers hervorzuheben.

INFORMATION FÜR TOURISTEN
Duane the Taxidriver wird hoffentlich immer noch kommen, wenn Sie in Chattanooga (423) 320-4027 wählen.

MEINE MARKE MAKER'S MARK
An dieser einsamen Straßenkreuzung war der *Crossroad Blues* von Robert Johnson nicht zu hören, und es sah ganz anders aus als in Walter Hills Verfilmung der Legende vom Pakt des Gitarristen mit dem Teufel.

AN DER STRASSE INS NICHTS
Erstveröffentlichung in: *junge Welt*, 20.7.2007 (in meiner Serie: *Abenteuer Dachauer Land*).

DER MANN ZWISCHEN MADSEN UND BUSCEMI
Edward Bunker war u.a. Spezialist für »orchestrating robberies« und schrieb, wie er es nannte, »six fucking books«, ehe das erste 1973 veröffentlicht und als *Straight Time* mit Dustin Hoffman so erfolgreich verfilmt wurde, dass Bunker für Jahre in der Fabrik Hollywood untertauchte. Steve Buscemi verfilmte später *The Animal Factory*.

RAY CHARLES
Diese Ausstellung war 2006 in Nashville in der Country Music Hall of Fame.

BLÖDE WOCHE
Blöde Woche wurde erstmals, wie einige andere Gedichte, mit der Band Beef Jerky bei einem Konzert 2007 vorgetragen und orientiert sich an Johnny Cashs *I Got Stripes* bzw. am originalen *On a Monday*, neben *Goodnight, Irene* oder *Hitler Blues* einer der vielen Klassiker von Hudson »Huddie« William Ledbetter aka Lead Belly, der 1918 ins Gefängnis kam, nachdem er bei einem Streit einen Mann getötet hatte.

DIE EINEN MÜSSEN ES TUN
Aus dem Roman *Nackig in Garden Hills* von Harry Crews sind der Nachtportier und die Go-Go-Girls hierher übergelaufen. Den großen Südstaatenautor, der es sich im Dokumentarfilm *Searching for the Wrong-Eyed Jesus* nicht nehmen lässt, Goethe zu zitieren, sollte man nicht mit dem nach ihm benannten Bandprojekt Harry Crews verwechseln.

DER LETZTE DJ
Erstveröffentlichung in: *Mjunic Disco* (München 2008).

JESSE JAMES UND ANDERE WESTERNGEDICHTE

*Fürchtet euch nicht vor denen
die den Leib töten
und die Seele
nicht töten können*

Matthäus 10,28

ICH KANN KEIN BLUT SEHEN

Ich weiß nicht
wie viel Uhr es ist
wenn die Sonne da steht.
Ich kann keine Flasche Jack Daniels trinken
und gerade rausgehen.
Ich habe noch nie
einen Menschen krepieren sehen.

Ich könnte keine Bank überfallen
und dem Kassierer
einen Schein in die Tasche stecken
und ich weiß nicht
ob ich mich wie ein Mann benehmen würde
wenn ein Lauf
auf mich gerichtet ist.

Ich kann nicht reiten.
Ich kann nicht schießen.
Ich kann kein Blut sehen.

Ich könnte dem Teufel seiner Großmutter
nicht das Kissen unterm Arsch wegziehen
ohne dass sie es merkt.
Aber ich würde ihr die Hand schütteln
und sie würde zu mir sagen:

Sei zufrieden damit
dass du schreiben kannst
wie mein eigener Sohn.

DER ZUG FÄHRT VORBEI
nach Johnny Cash

Ich hör wieder den Zug kommen
der fährt vorbei
und pfeift uns was
und ich hab schon lang vergessen
wie sich ein Sonnenstrahl anfühlt.
Ich steck hier im Bau.
Die Zeit fährt vorbei.
Der Zug fährt vorbei.

Ich war fast noch ein Hosenscheißer
da hat meine Mutter schon immer gesagt
Junge!
Dass du mir keine Schande machst
und lass mir die Finger
von den Kanonen.

Aber ich hab einen Mann umgelegt.
Ich wollte einfach nur zusehen
wie einer stirbt.
Und dann hör ich wieder
wie der Zug pfeift
und mir kommt das große Heulen.

Ich seh sie im Speisewagen dahinrauschen
essen was Gutes
trinken echten Kaffee

und rauchen die fetten Zigarren.
Und so geht es immer weiter für die.
Und für mich auch.

Wenn die mich rauslassen würden
und wenn der Zug mir gehören würde
ein ganzes Eck würde ich runterfahren
und weit weg von diesem Gefängnis
würde ich irgendwo bleiben
und irgendwann
würde mir diese verfluchte Pfeife
würde mir endlich
den Schädel durchgeblasen haben.

Ich hör wieder den Zug kommen.
Der fährt vorbei
und pfeift uns was.
Der Zug fährt vorbei.
Die Zeit fährt vorbei.

JESSE JAMES

Jesse James wurde erschossen
als er vor einem Gemälde stand.
Ja – Jesse James
in seinem Wohnzimmer.

Er hatte den Eindruck
dass es schief hing.
Er fummelte daran herum
bis er zufrieden war
und dann erwischte ihn die Kugel.

Sein letzter Gedanke war
Verräter.

Vielleicht hörte er noch
wie der Verräter schrie:
Ich bin der Mann
der Jesse James erschossen hat!

Vielleicht lächelte er
zuallerletzt
weil der Mann
der einen James verraten
und einen Unbewaffneten
von hinten erschossen hat
ein toter Mann war.

Judas
wurde auch nicht glücklich.
Es gibt viele Judasse
die sehr glücklich und sehr alt wurden.
Aber nicht dieser.

Aber wahrscheinlich
war Jesse James' letzter Gedanke
Scheiße
oder einfach nur
Mutter.

DIE MIT DEM MAUL

Ich lag auf dem Boden
und konnte nicht mehr.
Kriegte keine Luft mehr.
Die Eier schmerzten
der Mund voller Blut.

Steh auf und mach weiter
du schaffst es, nur weiter
sagten sie zu mir.
Und ein paar klopften mir
aufmunternd auf den Arsch.
Es gibt nur eine Regel im Leben
und die heißt Weitermachen
denn wer liegen bleibt, ist tot
also mach, du musst weiter!

Aber ich bin keiner von denen
die kriechen
um weiterzukommen.
Ich lieg lieber da
und schau in den Himmel
um rechtzeitig beiseite zu springen
wenn was runter kommt.

DER NOTFALL-BUCKSHOTLAUF

Das Wirkungsvollste was ein Polizist
als Waffe in einer Stadt tragen kann
ist ein LeMat-Revolver. Neun Kugeln
des Kalibers .41 bedeuten allein schon
die anderthalbfache Feuerkraft eines Colt-Revolvers.
Man ist jedem Gegner um drei Kugeln voraus
wegen seines Gewichts ist der Rückschlag
beim Kugelschuss kaum merkbar
die Treffgenauigkeit auf 25 Yards ungewöhnlich gut
und alle Treffer sind gleichzeitig Steckschüsse.
Besser gehts einfach nicht.

Und dann dieser Notfall-Buckshotlauf.
Der hat mir also buchstäblich
dutzende Male das Leben gerettet.
Hatte man sich praktisch verschossen
und krochen Angreifer triumphierend
aus ihren Deckungen hervor
um einem den Garaus zu machen
dann fegte diese Ladung von 15 Buckshot-Kugeln
einen ganzen Saloon
eine ganze Straßenbreite einfach leer.
Ich habe mit einem solchen Schuss einmal
fünf Verbrecher auf einmal so erwischt
dass sie keinen Finger mehr krumm machen konnten.
Und alle blieben hübsch am Leben, so dass ich
sie später fein säuberlich aufhängen konnte.

Sprach Marshal Jake Willman
und so wahr mir Gott helfe
habe ich weder ein Wort weggelassen
noch eins hinzugefügt.

MIT DEM BEIL IN DER HAND

Früher hab ich das immer gehasst
Garten, Holz, Viecher
das Mithelfen
hab ich das gehasst.

Als ich nach so vielen Jahren
wieder mal daheim war
hab ich einen Haufen Holz
Baumstämme, geschnitten auf Meterstücke
gespalten.
Die Sonne schien
und mir lief der Schweiß runter.

Ich schlug mit der Axt
in die eine Stelle
wo dann der Spalt aufreißt
steckte die Eisenkeile rein
und haute den Vorschlaghammer drauf
bis es das Holz
in zwei Teile zerriss.

Ich mag das Holz
und die Arbeit
die es macht.
Von mir aus können sie
den ganzen Wald umlegen
und zu mir herbringen.

Ich steh da
mit dem Beil
in der Hand.

HILLBILLY

vor Quentin Tarantino

Will Bill Hill Kill
Will Hill Bill Kill
I Will Kill Bill
Kill Bill
On The Hill
I Will I Will
Kill Kill Kill
On The Hill
Hillbilly Kill
I Will I Will
Kill Bill
Kill Bill
On The Hill
Hillbilly Kill

JESUS, MARIA UND JOSEF

Bei mir im Abteil saß ein junger Mann mit zwei blitzenden Metallhaken als Armprothese, die er wie eine Zange handhaben konnte, und ich beneidete ihn um dieses kostbare Schmuckstück. Ich stellte mir vor, wie er daheim vor seinem Arsenal von blinkenden Werkzeugen stand, die er an seinen Stumpf hinschrauben konnte: Neunschwänzige Katze, Dreizack, Bohrer, Heckenschere. Von gewissen anderen Dingen wahrscheinlich ganz zu schweigen. Kapitän John Silver.

Das waren die Sachen, für die Luis was übrig hatte. Sein Rollstuhl war auch so ein Wunderding. Wendig und bunt wie ein Autoscooter, Halterung für die Flasche, Harley-Scheinwerfer, und hinten am Schleudersitz ein Fuchsschwanz. Eisern weigerte er sich, mich fahren zu lassen, obwohl ich schon eine Weile mit seinem alten trainierte. Und so hatten wir beide den Traum, einmal für eine Woche zu tauschen. Wenn er unter Menschen fuhr, nahm er manchmal einen aufs Korn und raste los, und wenn hin und wieder einer nicht zu feig war, ihm ein paar Worte zu sagen, dann lachte er nur. Ich konnte ihm nicht ausweichen und sprang ihm einfach auf den Schoß. So lernten wir uns kennen.

Im Sommer begleitete er mich fast täglich zu meiner Arbeit. Ich stand mit meinem Wagen

an einem Nacktbadesee und verkaufte den Leuten
Eis und was zu trinken. Und er saß unter
einem Sonnenschirm in seinem Rollstuhl und sah sich
durch die verspiegelte Sonnenbrille meine Kundinnen
an. Nach einiger Zeit hatten wir einen Stammgast,
ein junger Typ, der kaum noch Zähne hatte und am
Oberkörper einige tiefe Narben. Er trank ein Bier
und erzählte ohne Unterlass Geschichten und Witze,
meistens Arztwitze, und wir waren ganz froh um die
Abwechslung. Aber einmal fing er an, von Schnecken
zu erzählen, und von seinem Lieblingsspiel. Er liegt
auf einer Decke und sieht eine Schnecke kommen, und
wenn sie in Reichweite ist, hält er ihr die Zigarettenglut
an den Fühler, und dann quillt ihr Inneres beim
Kopf raus. Und ich spürte mein Rückgrat zittern.

Ich sah mich sitzen im Halbdunkel im obersten leeren
Stockwerk eines Hochhauses, über mir eine Decke
aus Glas, plötzlich eine Dunkelheit, ein Regen aus
Scherben, ein Feuerball, der auf mich zukommt – und
ich hatte Angst, wahnsinnig zu werden, denn ich war
fähig, das Fühlen einer Schnecke zu fühlen. Ich ging
hinter den Wagen und starrte den See an, bis ich
wieder halbwegs in Ordnung war. Aber tagelang dachte
ich an Schnecken, und dass sie mich immer schon
angeekelt hatten, machte die Sache nur schlimmer, und
Luis lachte über mein weiches Herz.

Als der Sommer vorbei war, arbeitete ich wieder
in der Stadt, und Luis saß wieder den halben Tag
vor dem Haus und sah den Leuten auf der Straße zu

oder er fuhr durch die Gegend, und es kam vor, dass er Frauen traf, die er nackt gesehen hatte. Wir waren zufrieden mit unserem Leben. Aber ein paar Halbstarke aus dem Viertel fingen an, ihn alle paar Tage zu besuchen. Zuerst ärgerten sie ihn nur, aber dann ging das Fertigmachen los, und er fühlte sich, als müsste er mit einem Sack über dem Kopf Fußtritten ausweichen, und schließlich traute er sich nicht mehr auf die Straße, und das machte ihn krank. Aber nichts, was ich vorschlug, passte ihm. Dann saß er wieder draußen auf dem Stück Wiese zwischen unserem Haus und der Straße und wartete auf sie.

Und sie kamen. Lachten schon von weitem, freuten sich, dass er wieder da war, und einer meinte, seine Schwester, die würde einen zum Tanzen suchen, und sie würde ihm heute ein paar Schritte beibringen. Als sie bis auf zehn Meter heran waren, schlug er die Decke über seinem Schoß zurück, auf dem er eine dreiläufige Schrotflinte liegen hatte. Er ließ ihnen so viel Zeit, dass sie sich ein Bild machen konnten, und dann drückte er ab. Ich rannte hinaus, sah die Flinte und die Überreste der drei Burschen, und wurde zu Stein. Wie eine Planierraupe schob mich Luis zu seinem anderen Rollstuhl und stieß mich hinein, und als das große Heulen anfing, legte er den Drilling wieder in den Schoß und deckte ihn zu.

Der erste Polizist nahm die Mütze runter und sagte: Jesus, Maria und Josef.

Sie standen eine Weile herum und versuchten irgendwas zu verstehen. Immer mehr Leute kamen dazu, übergaben sich, fingen zu schreien an, rannten weg oder knieten sich hin, und dann kam ein Polizist zu uns rüber und sagte, verschwindet, das ist nichts für euch. Und wir rollten um die Ecke, und ich sagte, jetzt müssen wir schon wieder in eine andere Stadt wegen dir, und er sagte, die hier, die hat doch sowieso nichts getaugt.

Und dann kamen wir in eine Stadt
die taugte noch weniger
und ich kaufte mir auch einen Drilling.

DIE DALTONS UND ICH

Ich wollte eins über die Daltons machen
weil ich dachte
dass sie hier nicht fehlen sollten
die Daltons:
Grat und Bob und Bill und Emmett.
So einen Salut auf die Daltons.

Ich wusste nicht
dass die Daltons zuerst Polizisten waren
als erbarmungslose Jäger bekannt.
Bis zu dem Tag
als Grat Dalton im Suff
einem Negerjungen befahl
sich einen Apfel auf den Kopf zu legen.
Die Sache ging gut aus
aber als sein Boss davon erfuhr
feuerte er Grat
und die anderen Daltons gleich mit
und dann wurden sie zu den Daltons
und keine vier Jahre später
waren sie alle tot.

Ich habe das Gefühl
dass dieser Polizeichef ganz recht getan hat.
Und ich denk schon, es stimmt
dass ein guter Polizist so selten ist
wie ein guter Bandit
oder wie ein gutes Gedicht.

Und ihr mögt über mich lachen
aber wenn ich an die Daltons denke
muss ich weiß der Teufel warum daran denken
dass es gute Gedichte gibt
die einen schlechten Eindruck machen
und dass es schlechte gibt
die trotzdem gut sind.

Und nicht mal mit den wirklich guten
riskiere ich mein Leben.
Und ich weiß nicht
ob ein Gedicht
so reizend sein kann
wie ein Gesicht
wie ein Busen oder ein Arsch
ich glaube nicht.
Und vielleicht bin ich nicht der Einzige
der sich manchmal fragt
ob das was ist
was ihm fehlt.

Aber ich wollte nur
eins über die Daltons machen.
Sie hießen Grat und Bob und Bill und Emmett
und von mir aus
soll Gott ihren armen Seelen
gnädig sein.

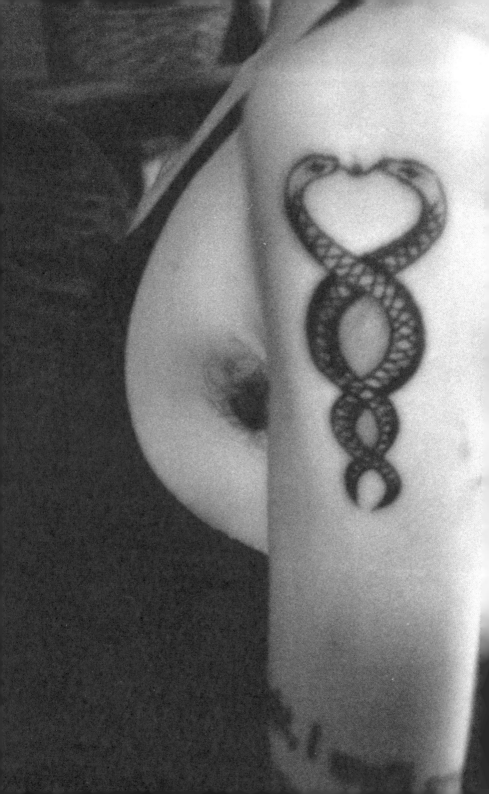

FAHRT ZUR HÖLLE

Fahrt über den Mars.
Fahrt in das Erdloch im hintersten Dschungel.
Fahrt unterm Ozean durch oder
um die Welt in fünf Minuten.
Fahrt ihnen ins Arschloch
um paar Wunder zu erleben
oder einfach nur
um fahren zu können.
Fahrt. Fahrt. Fahrt.

Irgendwann liegt ihr
neben mir im Graben
und ich werde nachsehen
ob ihr in euren Taschen irgendwas habt
das ich gebrauchen kann.
Und dann:
Fahrt zur Hölle.

ICH GEH EINFACH REIN
nach Henry Rollins

Ich habe kein Geld
und ich hab kein Gebet

Ich geh einfach rein
und schlag alles klein

Denn ich habe kein Geld
und ich hab kein Gebet

Ich geh einfach rein
und schieß alles klein

Denn ich habe kein Geld
nicht mal ein kleines
verfluchtes
verdammtes
Gebet.

NACHTS WENN DER MOND SCHEINT

Um Mittag herum
trafen sie sich immer
vor der Wirtschaft
um im Schatten einen zu trinken
und sich was zu erzählen.
An dem Tag ging es um
die Indianerweiber.
Einer von ihnen hatte gerade
eine gehabt.

Das sind vielleicht welche
sagte er, aber die sind
auch nicht anders
als unsere Weiber.
Alle Frauen sind gleich
oder was?
Lass dir bloß keine Märchen erzählen
von irgendwelchen Schlangen
die sie sich reinstecken
und solchen Mist.

In dieser Nacht
schien der Mond in sein Zimmer
und auf seiner Brust
leuchteten fünf tiefe Striemen
von den Brustwarzen

bis zum Bauchnabel
und langsam
sickerte das Blut raus.

SIE HOCKEN AM LOCH

Die Niederschrift seiner Lebensgeschichte
widmete der Apachen-Häuptling Geronimo
seinem Präsidenten
Theodore Roosevelt.

Der alte Trick funktionierte
und der Präsident
war stolz darauf.

Die Fallschirmspringer der US-Armee
trauen diesem Frieden
jedoch nicht
bis zum heutigen Tag.

Sie hocken am Loch
und starren runter
auf ihr Land
oder ein anderes
und wenn sie springen
schreien sie
so laut sie nur können
seinen Namen.

DER KOCH, DER DIEB, SEINE FRAU UND IHR COLT

Nach dem 13. Juli 1881
wurde Fort Sumner
von Andenkenjägern umgegraben.
Hüte wurden verkauft
Socken, Westen, Halstücher.
Ein ganzer Sack
voll mit Zähnen.

Worte wurden bezahlt
wie sonst nur bei
ganz anderen Gelegenheiten.

Aber den langläufigen Colt Thunderer
Nummer 11922
hatte Pat Garrett beschlagnahmt
um ihn Celsa zu geben
Billys mexikanischer Geliebten
die ihn zu Verwandten in ihre Heimat brachte
obwohl große Summen geboten wurden.

Sechzig Jahre später gelang es
schließlich einem Schweizer
die Waffe zu kaufen.

Übrigens hatte Billy the Kid
auch einen kurzläufigen
Colt Thunderer besessen
den er einige Zeit vor seinem Tod

einem gewissen Old Man Gauss schenkte
wie der deutsche Koch
seines Ranchers genannt wurde.
Muss ein guter Koch gewesen sein.

WEG ZUR FREIHEIT

Es
gibt
einen
Weg
zur
Freiheit
seine
Meilensteine
heißen
Gehorsamkeit
Fleiß
Ehrlichkeit
Ordnung
Sauberkeit
Nüchternheit
Wahrhaftigkeit
Opfersinn
und
Liebe
zum
Vaterlande

WIR HABEN MANCHEN BOCK GESCHOSSEN
in Memoriam Kraudn Sepp

Wir haben manchen Bock geschossen
seinerzeit
als die Röcke der Frauen
auch noch hochgehoben wurden
um einen Stutzen zu verstecken.
Oft sind wir die Berge hinauf
bloß weil's uns am Finger gejuckt hat
oder am Herz
und oft auch
weil sie daheim vor Hunger
ihren eigenen Namen vergessen haben.
Sind wir dem Gesetz begegnet
haben wir den Hut gehoben und
»Habe die Ehre« gesagt
und wenn uns dann die Kugeln der Jäger
um die Ohren pfiffen
dann haben wir zurückgepfiffen
und wenn ihnen dann das Stroh
aus dem Kopf heraushing
dann haben wir gelacht.
Ja, es war schon eine lustige Zeit damals
und für jeden ehrbaren Mann
der nicht mehr vom Berg runtergekommen ist
gingen zwei mehr hinauf!
Dann kamen andere Zeiten
und heute sind sie wieder anders
und morgen auch.

Aber dass die Jäger
kein Stroh mehr im Kopf haben
das braucht mir keiner erzählen
und dass es jeden hie und da
und da und dort juckt
das weiß ich jetzt
und in Ewigkeit
Amen.

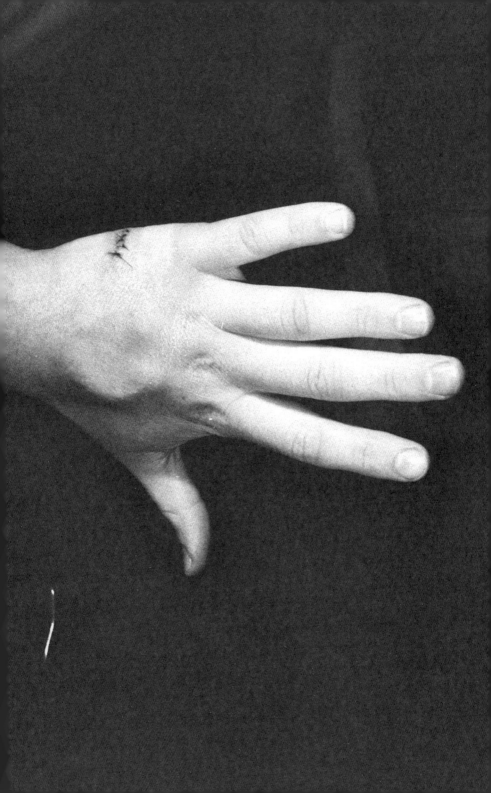

TEXAS

Ich kann dir was sagen:
Leg dich mit keinem Texaner an
leg dich bloß nicht
mit einem Texaner an
mir irgendeinem immer
mit einem Texaner
nie.

Aber Texaner
sind doch auch bloß welche
die fressen, die scheißen, die ficken
und sterben!
So dachte ich auch damals
als ich nichts wusste.

Aber heute bin ich
nicht mehr so blöd
zu glauben, dass alle Texaner
auch nur mit Wasser kochen
auch wenn ich zufällig
mal einen erwischt habe.
Ich bin nicht der Bursche
der sich mit einem Texaner anlegt.
Mit jedem
schwarz weiß rot
zehn elf zwölf
aber bitte kein Texaner.

Mit irgendeinem immer
mit 'nem Texaner
nie.

UNTEN IM SÜDEN

Ich war mal
Polizeireporter bei einem Provinzblatt.
Es war Sommer – und so wenig los
dass Zehnzeiler über geklaute Autoreifen gedruckt wurden.
Mein Chef war ein gehässiger fetter Mann
er war immer schlecht gelaunt
er konnte keinen leiden
und keiner ihn.
Jeden Tag, wenn ich ihm Meldung machte
keifte er mich an:
Schon wieder nichts los!
Kein Totschlag, kein Garnichts!
Als konnte ich was dafür.
Schließlich schaffte ich es
ihm die Titelgeschichte zu bringen
es war ein Unfall
mit einer Kuh und drei Autos
und die Kuh war schuld.
Aber wieder kein Toter
und auch diese Kuh war gesund.
So war das
ich saß da und schwitzte und wartete
auf einen Meteoriten
oder einen, der durchdreht
oder eine Gasexplosion.

Aber es war Sommer
und die ganze Gegend
da unten im Süden
einfach nur wie tot.

BIS AUF DIE KNOCHEN

Meine Zähne sind vorsichtig geworden
meine Arme schwer und langsam
meine Augen täuschen mich
ich sitz da und schau die Wand an
und die Wand schaut aus wie der Himmel.
Ich rede mit mir.
Ich lass mir von irgendwelchen Leuten
einen ausgeben
und wenn ich einer jungen Frau
in den Ausschnitt sehe
dann sehe ich
dass sie das einen Dreck interessiert
und ich weiß
dass ich froh darüber bin.

Mir tun meine Knochen weh
aber mir ist wohler
sie zu bewegen
als sie herumliegen zu lassen.

Ich hab den Namen des Mannes vergessen
der mir geholfen hat.
Meine Augen werden feucht
wenn ich ein Wiegenlied höre.
Mein Großvater flüstert mir immer wieder
seine letzten Worte ins Ohr:
Mein Weg ist zu Ende
und du hast einen langen Weg vor dir.

Und ich wünschte
ich hätte auch jemand
dem ich das sagen könnte
und mein Weg hätte auch
irgendwas getaugt.

Mir tun meine Knochen weh
aber mir ist wohler
sie zu bewegen
als sie herumliegen zu lassen.

EINSAM WIE EIN STEIN

Ich bin ein einsames Mädchen.
Ich bin allein.
Ich bin am Tag allein und in der Nacht
denn meinen Geliebten
den haben sie abgeholt
und um das Haus ist ein Zaun.
Ich bin allein.

Meinen Geliebten
den hab ich am Zaun besucht.
Es war Nacht
und die Sterne waren uns egal.
Wir liebten uns
durch den Zaun hindurch
und als ich wieder nach Hause ging
hatte ich nichts von ihm
außer das an den Händen.
Und ich wusch meine Hände nicht mehr.

Jede Nacht trafen wir uns am Zaun.
Wir schliefen ein
und hielten uns an den Händen.
Nur am Morgen hatte ich
eine tiefe Rille im Handgelenk.
Aber sie haben den Zaun abgerissen
und sie haben eine Mauer hingebaut
und ich steh jede Nacht an der Mauer

und schlag meinen Knochen an den Stein.
Aber ich höre nichts.

Ich höre nur meinen Knochen
der an den Stein klopft.
Und daheim wasche ich mir
das Blut von den Händen.
Ich bin ein einsames Mädchen.
Ich bin einsam.
Ich bin so einsam
wie ein Stein.

DER TAG, AN DEM ICH ALLEN GLÜCK WÜNSCHTE

Es war ein schöner Tag
sonnig, nicht zu heiß
und ein starker Wind.
Stundenlang spazierte ich durch die Stadt
und fühlte mich so wohl
dass ich bereit war
ihr einiges zu verzeihen.

Ich betrat eine Wirtschaft
in der man mir freundlich zunickte
und ohne zu fragen
das Richtige auf den Tresen stellte.
Plötzlich kam mir einer in den Sinn
den ich schon lang nicht gesehen hatte
und ich fing an
von Tisch zu Tisch zu gehen
aber keiner konnte mir was sagen
kein Mann, keine Frau.
Ich stellte mich mit dem Glas in die Tür
und sah die Berge an
weit waren sie weg
aber so schön war der Tag
dass sie sich zeigten.
Verflucht, wo war der Kerl?
Hatte er Pech gehabt?
Hatte er Glück gehabt?
Und ein paar andere fielen mir ein
von denen ich lang nichts gehört hatte.

Und dann kamen die Frauen
die sich in all den Jahren
mit mir hingelegt hatten
die guten und die schlechten
die klugen und die blöden
die heißen und die lustlosen
die, die ich belügen musste
um sie zu kriegen
die, vor die ich mich hinkniete
die, die ich zum Schreien brachte
die, die mir weh taten
und die, die ich geliebt habe.
Von kaum einer wusste ich
wo sie war und wie's ihr ging.
Kaum einer hätte ich begegnen wollen.
Ich wollte keine Rechnungen aufstellen
und dachte nicht an die
die zu begleichen waren.
Ich hob einfach nur mein Glas
und wünschte ihnen allen viel Glück.

Ich sah rüber in die Berge
und ich sah sie alle.
Und bevor ich sehen konnte
was sie mir wünschten
ging ich weiter.
Denn der Tag war so schön
sonnig, nicht zu heiß
und ein starker Wind.

GRABSTEIN

Nicht
jeder Henker hat
eine hübsche Tochter
die kein Blut sehen
kann.

SOLDATENLIED

Ich stehe einsam auf Posten
und denk nur an dich
und mein Pfosten steht einsam
und denkt nur an sich.

So stehn wir einsam und treu
auf unserem Posten
nur unsere Pfosten
die verrosten.

DIE SCHNELLEN MÄNNER
in Memoriam Sam Peckinpah und Warren Oates

Da sind sie
die schnellen Männer
mit den schnellen
Gewehren unglaublich schnell
diese Männer und die Gewehre
sind so schnell sind die
schnellsten Gewehre die
zu haben sind und diese
Männer sind schneller
als die andern die schnell
sind und schnelle Gewehre haben
so schnell sind diese Männer
mit diesen Gewehren
verflucht schnell verdammt mich
wenn die nicht schnell sind
die sind schnell
verflucht schnell
verdammt schnell.

DER MIT DER GITARRE
nach HF Coltello

Hier bin ich
doch ich bin nur der
mit der Gitarre.
Ich bin nicht der und der
und nicht der da
ich bin nur der mit der Gitarre.

Lasst mich mit allem zufrieden.
Ich spiel auf deiner Beerdigung
oder auf der von deinem Freund
mit ist das ganz egal.

Ich kann dir viel erzählen
von diesem Arschloch oder von dem
aber ich erzähl dir nichts
ich erzähl keinem was.

Es gibt die Leute
die einem was erzählen
und es gibt die
die nichts wissen
und es gibt die
die nie von irgendwas
was gewusst haben wollen.
Aber ich erzähl dir nichts
ich bin nur der mit der Gitarre.

Wo geht's hier zur nächsten Beerdigung?
Wo geht's zur nächsten Hochzeit?
In eurem Drecksnest
muss doch irgendwas los sein.
Jetzt bin ich schon hier, Mann
hier bin ich.
Aber ich bin nur der mit der Gitarre.

GÜTERZÜGE

Personenzüge interessierten mich nie
aber diese Güterzüge
die hatten was an sich
was Geheimnisvolles, was Unheimliches.
Vielleicht weil man nicht wusste
was in den Waggons war.
Vielleicht weil mein Vater dort arbeitete.

Egal, was wir spielten
wenn sie kamen
hörten wir auf damit
und schauten zu
wie sie vorbeifuhren.
Wir spielten oft am Bahndamm.

Aus der Nähe
waren sie mächtig und seltsam
wie eine vorbeitrampelnde Elefantenherde
und man hatte das Gefühl
gleich einen sanften Schlag
mit dem Rüssel zu bekommen.
Wir gingen auf die Gleise
und sahen ihnen ehrfürchtig nach
wie einem Spuk
drehten uns um
und sahen in die Ferne.

Wir träumten davon
uns eines Tages
mit einer Draisine
auf den Weg zu machen.
Irgendwohin.

COWBOY LIED

für Lemmie

Da steht der Cowboy Jim
und putzt an seinem Ding.

Da liegt der Cowboy Billy
und treibt's mit seiner Lilly.

Ich bin der Cowboy Pete
und sing mein neustes Lied:

Vom schönen Cowboy Jim
und seinem großen Ding.

Vom schnellen Cowboy Billy
und seiner frechen Lilly.

Ich bin der alte Pete
das war mein letztes Lied.

ANMERKUNGEN

DER ZUG FÄHRT VORBEI
Nach dem *Folsom Prison Blues*, 1955, der allerdings, sollte ich später erfahren, von Gordon Jenkins geschrieben wurde. Auch der Rock'n'Roll hat eben seine eigenen Gesetze.

JESSE JAMES
Jesse James (1847–1882) gilt als Erfinder des Bankraubs und war Kopf der gefürchteten James-Younger-Bande, von der angeblich nur Cole Younger eines natürlichen Todes starb, 1916, nach vielen Jahren Gefängnis und dann Vortragsreisen mit dem Hinweis, dass Verbrechen sich nicht lohne. Jesse James wurde vom jungen Bob Ford erschossen, seinem größten Fan, der spät zur Bande stieß.

DER NOTFALL-BUCKSHOTLAUF
Jean Alexandre LeMat, ein in Frankreich geborener Arzt, meldete 1856 das Patent an für einen Revolver mit zwei Läufen, deren einer groben Schrot ausspuckte. Muss ein sehr geschäftstüchtiger Arzt gewesen sein.

DIE DALTONS UND ICH
Die vier Dalton-Brüder bildeten eine der letzten großen kriminellen Vereinigungen des Wilden Westens, die 1892 aufgelöst wurde. Bill Dalton formierte danach mit Bill Doolin die Doolin-Bande: »Vier Jahre hielten sie Oklahoma in Atem.« Dann stand Richard »Little Dick« West, auch ein Mitglied der Doolin-Bande, allein da.

SIE HOCKEN AM LOCH
Geronimo (1829–1909) war der letzte Häuptling der Apachen. Die meiste Zeit seines Lebens befand er sich im Krieg gegen Mexiko und die USA, um die Vernichtung seines Volkes zu verhindern. Von 1886 bis zu seinem Tod war er offiziell Kriegsgefangener der USA. Eines der späten Fotos zeigt ihn am Steuer seines Automobils, vielleicht unterwegs zu einem Volksfest, um sich als lebende Legende etwas Geld zu verdienen.

ICH GEH EINFACH REIN
Nach *Move Right In* von der LP *Hot Animal Machine*. Es ist zweifellos besser, in solchen Situationen nach Henry Rollins reinzugehen.

DER KOCH, DER DIEB, SEINE FRAU UND IHR COLT
Henry McCarty alias Henry Antrim alias William H. Bonney alias Billy The Kid war 21, als er von seinem ehemaligen Kampfgefährten und Freund erschossen wurde. McCarty geriet auf die schiefe Bahn, als ihm ein Gericht einen Fall von Notwehr als Mord anhängte. Sein Weg zum großen Outlaw begann zu einem Zeitpunkt, als er als Polizist vereidigt war und unterwegs, um den Mord an seinem Freund, dem Rancher Henry Tunstall zu rächen, und dabei dem mächtigen Unternehmerverband Santa-Fe-Ring in die Quere kam. In einem Brief schrieb sein Boss über ihn: »Philosophie ist sein Steckenpferd, und er spricht dauernd von Sozialismus und Kapitalismus und trägt das kleine Buch eines Engländers namens Karl Marx mit sich herum.« Wovon in Charles Neiders Roman *The Authentic Death of Hendry Jones*, den Sam Peckinpah als Vorlage für seinen Film *Pat Garrett & Billy the Kid* benutzte, nicht die Rede ist.

WEG ZUR FREIHEIT
Weg zur Freiheit ist weder von mir noch ein »Gedicht«, sondern wurde am Anfang der NS-Herrschaft KZ-Häftlingen als »Wegweiser« gegeben. Warum dieses Readymade hier steht? Um die Law-and-Order-Abteilung von ihrer schlimmsten Seite zu zeigen. Zitiert nach dem Katalog *Konzentrationslager Dachau 1933 bis 1945*, Edition Lipp, München 2005.

WIR HABEN MANCHEN BOCK GESCHOSSEN
Kraudn Sepp alias Josef Bauer (1896–1977) aus Gaißach bei Bad Tölz brachte als Sänger und Zitherspieler Wilderer-Balladen und Gstanzln (Zum Beispiel: »Und koa Star und koa Oachkatzl mechd I ned sei, do miaßt I den ganzn Doog bein Looch aus und ei«) zum Vortrag. In manchen Kreisen herrscht schon lange Einigkeit darüber, dass man ihn als den bayerischen Hank Williams bezeichnen könnte. Jedenfalls werden solche wie er heute nicht mehr gebaut.

DIE SCHNELLEN MÄNNER
Sam Peckinpah (1925–1984) drehte u. a. die modernen Western *The Wild Bunch* und *Bring Me the Head of Alfredo Garcia* mit Warren Oates (1928–1982).

DER MIT DER GITARRE
Nach dem Song *Guitar Man* von HF Coltello. Sein Text in voller Länge: »Here I am, just a guitar man.« Vom Album *No Practise* von Charlie Sono & Harry Coltello.

COWBOY LIED
Dieses Gedicht wurde erstmals in *Ziegelbrennen* Nr. 1/1989 abgedruckt. Es entstand, als meine Tochter noch ein Baby war und ich es für eine gute Idee hielt, ihr etwas vorzusingen. Ich habe es damals meiner Frau aus dem selben Grund gewidmet, aus dem ich es ihr heute widme.

I'd like
To wear a rainbow every day
And tell the world
That everything's okay

Johnny Cash

POESIE IST KEIN AUTORENNEN

Manfred Rothenberger im Gespräch mit Franz Dobler

Manfred Rothenberger: Eine ganz blöde Frage gleich zu Beginn – hilft Rauchen beim Gedichteschreiben?

Franz Dobler: Du triffst sofort voll in die Problemzone. Rauchen ist nicht gut und ich rauche viel zu viel, vor allem, wenn ich am Schreibtisch sitze. Nicht rauchen geht nur dann gut, wenn ich drei Stunden durch die Stadt gehe oder auf dem Sofa liege und fernsehe.

Beim Gedichteschreiben hilft das Rauchen nicht, aber aus irgendeinem Grund rauche ich dabei immer.

Wann schreibst du am liebsten?

Das wechselt. Ich habe keinen festen Plan, nicht so wie manche Kollegen: jeden Tag von 9 bis 15 Uhr. Bei etwas Längerem, wenn es immer intensiver wird, komm ich auch mal tief in die Nacht rein, arbeite nur noch nachts.

Du hast bis heute »nur« zwei Gedichtbände veröffentlicht. Braucht es, wie es in einem Text von dir heißt, tatsächlich neun Monate, bis ein Gedicht zur Welt kommt?

Das hat eher was mit besonderer Konzentration zu tun, ich muss mich einschießen können auf dieses Format. Aber ich bin nicht der Typ, der sich vornimmt, jeden Tag oder jede Woche ein Gedicht zu schreiben. Es ist eher so wie beim Fotografieren. Ich sehe was, ich denke was, und dann schreibe ich's auf, vielleicht nur einen einzelnen Satz, der dann ewig liegen bleibt. Weil ich gerade an was anderem arbeite. Da liegt immer ein ganzer Stapel rum mit halbfertigen Sachen. Ich schreibe oft nur so viel auf, dass ich den jeweiligen Gedanken wieder fassen und mich an diesen speziellen Moment erinnern kann. Ich schreibe auch erst mal nur mit der Hand.

Handgeschrieben bleibt es noch in der Intimität. Und wenn es mit der Maschine geschrieben ist, geht es hinaus in die Welt?

Es ist komisch – bei Prosa-Texten schreibe ich immer direkt in die Maschine, da brauche ich diese Maschinenschrift und den Bildschirm.
    Aber Gedichte schreibe ich nie direkt in die Maschine, sondern immer in Notizbücher.

Beobachtest du, was in der Gegenwartslyrik passiert?

Ja, schon, aber nicht so genau wie bei Romanen. Das interessiert mich wesentlich mehr. Bei den Leuten, die ich kenne und schätze, sind relativ wenig Gedichteschreiber dabei. Wie in vielen Dingen ist Friedrich Ani da wie ein Bruder für mich.
    Die deutsche Lyrik ist ja sehr akademisch geprägt. Ich glaube, ich bin einer der Wenigen, die nicht studiert haben. Das kann man auch ablesen an meiner Art der Literatur und das zeigt sich bei Gedichten stärker als bei der Prosa. Kommt mir jedenfalls so vor. Mein erster Gedichtband *Jesse James und andere Westerngedichte* war auch eine Form von Protest.

Mit dem du dich bewusst außerhalb des Lyrik-Feldes gestellt hast.

Ich habe halt gesagt, ich schreibe jetzt Westerngedichte, also Action, quasi B-Gedichte wie B-Movies. Als erster in Deutschland. In den USA gibt es eine richtige Tradition der Westerngedichte, was ich damals aber noch nicht wusste. Da treten dann

Dichter bei irgendwelchen Rodeo-Festivals auf und thematisieren das.

Diese Dichter können wahrscheinlich auch alle reiten.

Ich nicht, ich hasse Pferde, obwohl ich weiß, dass sie in der Regel sehr nett sind. Auf jeden Fall mag ich Gedichte meistens nicht, wenn sie so stark akademisch geprägt sind. Als dürfte und könnte man nur schreiben, wenn man studiert hat oder auf einer Schreibschule war. Lyrik ist oft total verstellt, so dass man wahnsinnig aufpassen muss, was meinen die eigentlich mit dem, was sie da schreiben. Man hat den Eindruck, alles ist dreifach kodiert, und wenn da steht: »Es waren schwarze Wolken am Himmel«, dann bedeutet das etwas ganz Anderes, etwa Unheil – das Geschriebene ist also nur eine Metapher. Wenn bei mir steht: »Es waren schwarze Wolken am Himmel«, dann ist damit auch genau das gemeint, was da steht. Im Titelgedicht dieses Buches mache ich mich über genau diese Wolken lustig.

Du spielst also im Gedicht mit offenen Karten?

Ja, das liegt meistens alles ganz offen da und unverstellt.

Ich mache für mich gerne einen Unterschied zwischen Lyrik und Dichtung. Lyrik und Lyriker*innen gibt's wie Sand am Meer, entsprechend häufig knirscht es ziemlich auf dem Papier und im Gehirn. Richtig gute Dichtung hingegen ist rar, aber die fährt direkt ins Herz und lässt die Synapsen tanzen. Wir erleben in den letzten Jahren ja eine gewisse Blüte der Lyrik, und ich bin auch tief beeindruckt von der Virtuosität und Komplexität dieses häufig bis in astronomische Höhen der Abstraktion getriebenen Umgangs mit Sprache. Ich sehe die hohe Kunst *und die große Anstrengung, aber ich spüre nichts. Vielleicht bin ich ja zu doof, etwas zu spüren? Aber vielleicht ist diese Art von virtuosem und sprachreflexivem Schreiben auch abgekoppelt von jeder gemeinsamen Erfahrung und Lebensader?*

Deine Gedichte sind das komplette Gegenteil. Sie plustern sich nicht auf, sind sehr einfach und haben fast etwas Ärmliches. Man spürt dich in jedem Wort und in jeder Zeile, du verbirgst dich nicht, sondern legst dein Denken und Fühlen offen.

Ich glaube, meine Gedichte hatten von Anfang an viel mit Musik zu tun. Die Musik war das Netz, das mich gehalten hat. Ein einfaches Netz. Ein ärmliches Netz. »Ärmlich« ist ein Ausdruck, der mir sehr gut gefällt. Obwohl er missverständlich ist. »Ärmlich« ist für viele Leute wahrscheinlich »platt« oder »dumm«, für mich gar nicht. Meine Gedichte sind keine Songs, aber sie sind beeinflusst von so »ärmlichen« Sachen wie Bluestexten, die ja sehr einfach funktionieren, immer *heart to heart*.

Gedichte sind für mich auch deshalb so wichtig, weil sie wie die Musik sofort eine Verbindung zu anderen Menschen herstellen, eine viel unmittelbarere und lebendigere Verbindung als etwa bei einem Roman. An einem Roman sitze ich ein Jahr, und je länger ich an einem Text sitze, desto einsamer werde ich – und am Ende ist es ein Brocken, der in gewisser Weise auch einsam konsumiert werden muss. Ich find's auch immer schwierig, für Lesungen aus einem Roman ein paar Teile herauszulösen. Meine Gedichte aber bringen mich oft mit Musikern zusammen, sind Auslöser für gemeinsame Auftritte, führen direkt zum Publikum.

Das gibt Gedichten eine andere Dimension – oder vielleicht sogar: Wirkkraft.

Und mir auch. Manchmal arbeite ich Gedichte für Auftritte noch mal um, vereinfache sie und bringe ein bisschen Songstruktur rein. Ich war richtig stolz, als Danny Dziuk – einer der tollsten Songwriter, den ich kenne – mit seiner Band mein Gedicht *Der mit der Gitarre* vertonte.

Ich hatte das Gedicht schon vorher immer sehr musikartig vorgelesen, so John-Lee-Hooker-mäßig: immer Wumm-Wumm-Wumm mit dem Fuß dazu den Takt gestampft. Aber Danny hat es mit seiner Band dann noch mal ganz anders und viel besser hingebracht. Das war die größte Auszeichnung, die ich für eines meiner Gedichte jemals gekriegt habe.

Seit einigen Jahren spiele ich immer mal wieder ein Konzert mit der Band Das Hobos, und kürzlich haben wir mein Nico-Gedicht *Verhängnisvolle Frau* auf Vinyl rausgebracht, animiert von deiner Nico-Ausstellung und dem Nico-Buch.

Wumm – Wumm – Wumm – da muss ich komischerweise an Jan Wagner und sein oft zitiertes giersch-*Gedicht denken. Was wohl herauskäme, wenn man das vertonen würde? So eine Art Hintergrundmusik für die Gartenabteilung eines Baumarktes?*

Hahaha, oder ein tranceartiger Schlümpfe-Techno.

Das ist jetzt etwas fies von uns ...

... aber genau das richtige Thema, darüber habe ich mich schon öfter lustig gemacht. Diese neue große Mode, diese ganzen Natur- und Tiergedichte, da sage ich: Fuck, das ist jetzt aber nicht euer Ernst!

Natürlich sind die Naturgedichte auch wieder kodiert, da steht dann was über eine Pflanze, die nur im Schatten wächst und blablabla. Natürlich als Symbol für irgendeine Entwicklung in unserer Gesellschaft. Aber diese Art von Codes, oh je ... so möchte ich das nicht machen, so möchte ich nicht schreiben.

»Ein Intellektueller drückt etwas Einfaches kompliziert aus. Ein Künstler drückt etwas Kompliziertes einfach aus.« Charles Bukowski hat die Dinge manchmal recht gut auf den Punkt gebracht.

Der musste sich ja auch verteidigen als Nicht-Intellektueller, als einer, der bei der Post gearbeitet hat.

Obwohl er viel schlauer und gebildeter war als so mancher seiner Kollegen. Er hat auch exzessiv Klassische Musik gehört – Brahms, Wagner, Haydn, Händel, Bach und Mahler –, Bukowski war ein totaler Klassische-Musik-Freak.

Bukowski war alles andere als eine dumpfe Pappnase, der war viel breiter aufgestellt als die meisten seiner Zeitgenossen. Aber er hatte dieses Klischee des Proleten-Dichters anhängen und das kriegst du dann so leicht nicht mehr weg. Für die Leute, die eh nichts mit seinen Gedichten anfangen können, ist das natürlich ein probates Mittel, ihn damit abzuhaken: Ja, der schreibt eben besoffene Gedichte für besoffene Leute, die von Literatur auch gar nicht mehr erwarten.

Sollen sie ruhig sagen, ist aber eine wahnsinnige Unterschätzung von diesem Mann. Ich habe ihn zum ersten Mal gelesen, als ich achtzehn, neunzehn war. In der Schule hatte man bestenfalls mal Heine gelesen, oder Brecht, das hatte auch einen direkten Zugang zur Welt. Aber dass jemand schreibt: Ich war besoffen, die Frau neben mir im Bett kannte ich nicht, mir ging's beschissen, aber in einer Stunde musste ich arbeiten, weil sie mich sonst rausschmeißen. Wow – solche Gedichte kannte ich bis dahin nicht.

Diese sehr direkte und etwas rüde Art, sich der Welt zu nähern, hat ja ihre Griffigkeit, Giftigkeit und ihren rauen Charme bis heute nicht verloren, aber nicht so richtig durchgewirkt in die deutsche Gegenwartslyrik. Da dominiert häufig sanfte Selbsterforschung unter hoch aufragenden Metaphern-Türmen.

Das ist tatsächlich und leider weit verbreitet, alle fangen ja beim Schreiben mit Gedichten an. Weil das in der Regel relativ schnell geht, dass man da ein Ergebnis hat.

Aber das ist schon das erste Missverständnis. Es geht doch nicht um ein schnelles Ergebnis, um Geschwindigkeit – Poesie ist doch kein Autorennen!

Und das zweite Missverständnis ist, dass viele Gedichte immer sofort diesen hohen lyrischen Ton haben. Das funktioniert anscheinend bei einer bestimmten Klientel. Ich weiß nicht mehr, wer das mal gesagt hat in Bezug auf Dichtung: Jeden Tag einen Celan zu schreiben kommt einem ganz einfach vor, aber wenn du versuchst, jeden Tag einen Brecht zu schreiben, merkst du plötzlich, wie schwierig das ist.

Weil du klare Position beziehen musst?

Das ist ja keine Wertung von Celan und Brecht, ich schätze beide, aber scheinbar ist es einfacher, diese Art lyrische Bilder zu bauen, als zum Beispiel zu sagen, was gerade politisch in der BRD los ist. Schreib das mal in einem Gedicht. Na dann viel Spaß. Da merkst du erst, wie schwierig das ist.

Ist Angela Merkel gedichtfähig?

Genau – was sagst du da möglichst prägnant in zehn Zeilen? Die Absturzkante ist viel näher, wenn ich mich in einem Gedicht mit Angela Merkel befasse, als wenn ich über die Vielfalt der Wolken schreibe.

Brecht hat beides gekonnt.

Das politische Gedicht und die Liebesgedichte. Eines der tollsten Erlebnisse bei der Adaption von Brecht durch die städtische Tourismuszentrale in seiner Geburtsstadt Augsburg war das Festival zu seinem 100. Geburtstag, da hat nämlich der damalige bayerische Ministerpräsident Stoiber die Festrede gehalten.

Das ist nun tatsächlich etwas überraschend.

Man könnte sagen, das ist per se eine Unverschämtheit – aber ok, eigentlich war es großartig. Stoiber hat gesagt, dass er ein großer Fan von Brecht sei, aber natürlich vom jungen Brecht, der diese wilden Theaterstücke geschrieben hat und diese schönen Liebesgedichte.
  Aber das ist eben der einfachste Ausweg für alle, die, sagen wir mal, rechts von der Mitte sind und nicht hören wollen, dass dieser weltberühmte Sohn der Stadt ein Kommunist war …
  Aber diese Direktheit, auch in den Liebesgedichten, das ist ja die Voraussetzung für alles. Was will ich jemandem sagen und wie sage ich es ihm? Da braucht es auch etwas Action und Spaß, damit die Botschaft ankommt. Wie bei den Songs, die Brecht mit Kurt Weill geschrieben hat …

Wie nahe sind sich Gedichteschreiben und Musikmachen? Du arbeitest ja auch als DJ, ist das bei Gedichten und Songs ähnlich, dass man sich da von Gefühl zu Gefühl hangelt, oder sind das zwei ganz verschiedene Baustellen?

Wenn's darum geht, Gefühle zusammenzubauen, dann hat das schon eine Ähnlichkeit, ist aber auch sehr weit voneinander entfernt. Gefühle vermitteln sich in der Musik doch viel direkter, deswegen ist Musik für mich auch die schönste Kunstform.

Selbst wenn du nichts verstehst, spürst du was.

Das ist der ganz große Vorteil von Musik.

Kannst du singen?

Ich spreche manchmal meine Gedichte zur Musik von Bands. Rhythmisiertes Sprechen, vielleicht angedeutetes Singen, aber kein richtiges Singen. Darum geht's ja nicht, da war ich in der Lou-Reed-Schule.

Wer weiß, wie die Barden früher geklungen haben. Ob die nicht auch eher heiser am Burggraben gekrächzt haben. Was hältst du eigentlich von Poetry Slams?

Mochte ich noch nie, habe aber immer verstanden, warum das so viele Leute toll finden. Poetry Slams sind halt ein Unterhaltungsformat. Mir gingen diese Bewertungen durch das Publikum und der Konkurrenzkampf schon immer auf die Nerven. Und wenn ich mir mal wieder einen Slam angeschaut habe, haben immer die Allerfalschesten gewonnen (lacht).

Ich hab das mal bei einer Pionierin der deutschen Poetry-Slam-Szene erlebt, dass ich im Moment ihres Vortrags total gefesselt war, aber als ich dann später ihre Texte in einem Buch las, nur dachte, oh je, was ist denn das für eine sentimentale, platte Scheiße.

Es geht halt zu 80 % nur um Vortragskunst, um den schnellen Effekt. Poetry Slams sind eine super Trainingsfläche für Leute, die Comedy machen wollen. Ich habe in der Münchner Punkkneipe Substanz die allerersten Poetry Slams in Deutschland miterlebt, die hat damals der Karl Bruckmaier organisiert, aber nach wenigen Malen schon wieder damit aufgehört, weil's ihm schnell zu blöd wurde. Das war Anfang der 1990er-Jahre. Karl hatte das in New York kennengelernt, kam zurück und sagte, das machen wir jetzt auch. Und nach dem dritten oder vierten Mal hat er wieder aufgehört, obwohl es von Anfang an voll eingeschlagen hat. Karl meinte, in Amerika haben die Slams eine starke sozialpolitische Funktion, da stehen Leute und sagen was, das hörst du sonst nirgends, da schreibt keine Zeitung darüber, und dann sagen es die Leute eben selber öffentlich. Diese Funktion hatten die Slams in Deutschland von Anfang an nicht, da kamen sofort Leute, die sagten, hey, ich schreibe Gedichte und die sind sogar lustig. Slams sind der totale Renner, in jedem Dorf gibt es einen Poetry Slam, das ist ja fast schon wie mit Heimatkrimis.

Vom Krimi noch mal zurück zum Western. Beim Lesen deiner Gedichte, die ja sehr konkret in unserer Welt spielen, in unserer Gesellschaft und in unserer Gegenwart, hat man beinahe das Gefühl, man reitet mit dir durch einen Western. Die BRD wird zur Prärie, und zwischen zwei Wasserstellen erzählst du uns, wer die Guten sind und wer die Bösen, wo die Kojoten heulen und wo der Revolver gezogen werden muss. Du legst diesen ganz speziellen Filter über die Dinge, und das gilt nicht nur für Jesse James und andere Westerngedichte, sondern für deinen ganzen Blick auf die Welt.

Irgendwann kam ich drauf, diese Symbole, die westerntypisch sind, auf meine Umgebung und den Alltag in Bayern, wo ich aufgewachsen bin, anzuwenden. Es wird uns heute ja antrainiert, alles zu differenzieren und zu relativieren, tolerant zu sein und noch dem größten Arschloch irgendein Verständnis entgegenzubringen. Der Western folgt anderen Denkmustern: Gut oder böse, Indianer oder Cowboy, tot oder lebendig. Natürlich ist das alles ziemlich simpel, hat aber auch etwas seelisch Befreiendes. Nicht immer irgendwelche verschnörkelten Arabesken in die Luft zu malen, sondern auch mal mit der Faust auf den Tisch zu schlagen, zur Not mit einem Gedicht.

Im Spätwestern wird's aber auch wieder etwas komplizierter.

Da wird es dann postmodern und damit sehr kompliziert. Da musst du alles dreimal um die Ecke denken. Ich glaube, du hast recht, meine Gedichte sind doch eher Spätwestern. Mein Freund Lorenz Schröter hat sie übrigens »Bestern« genannt, bayerische Western. Die ich, nicht zu vergessen, vor 30 Jahren geschrieben habe. In meinem Gedicht *Der Mann zwischen Madsen und Buscemi* taucht dieser Edward Bunker auf, der hat sehr viele Jahre im Knast verbracht und sagt, er kann nur schreiben, wenn er im Knast ist. Wenn er draußen ist, erlebt er was, dann muss er wieder in den Knast, um drüber zu schreiben – eine perfekte Beschreibung des Autorenlebens.

Der bayerische Räuber, Wilderer und Polizistenmörder Mathias Kneißl hat dich auch ziemlich beschäftigt.

Ja, die Armen mochten ihn, weil er es den Oberen gezeigt hat, die viele Leute einfach fertig gemacht haben. Wenn du unten warst, hattest du kaum eine Chance. Das ist so eine Art Sozialgeschichte, die sich bis heute fortsetzt. Der Kneißl kam aus einer Familie italienischer Herkunft, die standen sowieso am äußersten Rand der Gesellschaft, und wegen relativ geringer Vergehen hat er sofort eine lange Gefängnisstrafe bekommen, das hat ihn radikalisiert, und als er wieder rauskam hat er mit seinen Brüdern erst so richtig losgelegt.

Sein schlimmstes Vergehen aber waren nicht die Raubüberfälle, sondern dass sie ihn nicht gekriegt haben. Das heißt, die Polizei war total sauer auf ihn, weil der Kneißl weiterhin überall unterwegs war, überall von den Leuten Hilfe bekam, und im Grunde die Staatsmacht völlig verarscht hat. Und das können sie, glaube ich, am wenigsten ertragen.

Was gefällt dir an so einem Typen?

Da geht's gar nicht so sehr um das Gefallen, sondern eher um die Tatsache, dass so jemand heute zum Helden erklärt wird – natürlich aus sicherer zeitlicher Distanz. Es gibt heute ein Räuber-Kneißl-Bier, es gibt Führungen in der Gegend, wo er unterwegs war, und in Maisach sogar ein Mathias-Kneißl-Museum. Man müsste mal hingehen zu den Leuten und ihnen sagen, wisst ihr eigentlich, dass ihr einen Polizistenmörder verehrt. Einem RAF-Typen würde man nicht so schnell verzeihen, geschweige denn ein Museum widmen.

Mancherorts herrscht eine archaische Wut gegen die Polizei. Geh mal zu einem Fußballspiel in die Fankurve. Wenn der brave Bankangestellte plötzlich mit Schaum vorm Mund »Bullenschweine« schreit.

Schwieriges Thema. Ich muss sagen, die Polizisten, die beim Fußball im Einsatz sind, bewundere ich schon immer. Ich habe Situationen erlebt, wo ich dachte, wenn ich da jetzt stehen würde, ich glaub', ich hätte Lust, ein paar von den Idioten einfach umzuhauen ... das muss ich ehrlich zugeben.

Als Polizist?

Ich weiß, das hörst du nicht gern, als Fußballfan.

Ich bin immer für die Wahrheit, also behalten wir das drin und du musst dann mit den Konsequenzen leben (lacht).

Ok.

Das Doofe ist nur, dass manche Polizisten auch gerne Demonstranten verprügeln.

Das habe ich nicht gemeint. Aber ich würde es verstehen, wenn ein Polizist, der da stundenlang beschimpft wird, irgendwann sagt: Hey Leute, jetzt reicht's, so redest du nicht mit mir ... komm mal mit da rüber und ich hau dir eine auf's Maul ... das könnte ich vollkommen verstehen. Der Respekt muss für beide Seiten gelten.

Ich habe irgendwo gelesen, du bist eine Zeitlang in Augsburg in den Jugendknast gegangen und hast mit jungen Straftätern Texte gelesen. Waren das Gedichte?

Ich bin da rein und hatte mir zuerst vorgenommen, wir schreiben zusammen Gedichte – Vierzeiler, das geht schneller. Wir schreiben keinen Aufsatz, warum bin ich jetzt im Gefängnis oder so einen Quatsch. Aber schon bei der ersten Sitzung habe ich gemerkt, das ist völliger Blödsinn, denn die 16- bis 21-Jährigen, die im Jugendarrest sitzen, haben bestenfalls Hauptschulabschluss und meistens gar keinen Abschluss. Da gab es sprachliche Hürden, die waren nicht zu überwinden. Sie kamen sich dumm vor, und ich mir auch. Als würde ich sie vorführen wollen. Also habe ich das sofort wieder aufgegeben. Es ging auch nicht, meine eigenen Sachen zu lesen, weil ich nicht wollte, dass sie sich aufgrund meiner Position nicht trauen, zu sagen, was soll der Scheiß? Also hab' ich immer was von anderen vorgelesen, was ich selber gut fand, was aber nicht irrsinnig kompliziert war. Und dann haben wir das zusammen gelesen, manchmal gingen Diskussionen los, manchmal haben sie angefangen, über ihre eigene Situation nachzudenken, weil sie irgendwas im Text darauf gebracht hat. Und manchmal gab es auch wenig Gespräch, so dass ich fast zwei Stunden lang nur vorgelesen habe vor vielleicht vier Leuten, von denen drei im Drogenwahn waren und einer vor sich hinträumte. Die Woche darauf habe ich dann mit fünfzehn Leuten diskutiert, bis die Fetzen flogen. Es war nie einfach, aber immer total spannend. Ich selbst habe dabei natürlich am meisten gelernt.

Wie kamst du denn auf die Idee, in den Jugendknast zu gehen und dort vorzulesen?

Ich hatte gehört, dass sie dort Leute suchen, ehrenamtliche Mitarbeiter, weil Jugendarrest das Härteste ist, was es gibt. Er dauert zwar nicht lange, maximal vier Wochen, aber wenn niemand vorbeikommt, der irgendwas Ehrenamtliches mit dir macht, bist du 23 Stunden am Tag auf der Zelle, auch zum Essen, darfst tagsüber nicht auf dein Bett, hast kein Radio, keinen Fernseher, gar nichts. Dein Handy wird dir weggenommen. Und keine Zigaretten. Welche, die schon mal im richtigen Knast waren, haben gesagt, ich will lieber in den richtigen Knast, von mir aus ein halbes Jahr, denn dieser Monat hier ist schlimmer. Kein Handy, keine Zigarette, alles scheiße.

Die haben oft zu mir gesagt: Hey, hast du mal eine Zigarette für mich. Und mein Spruch war immer: Leute, ich bin kein Polizist, kein Sozialarbeiter, kein Lehrer. Ich helfe euch, aber nicht so, wie ihr denkt. Ich bin auf eurer Seite, aber es kriegt niemand von mir eine Zigarette, auch nicht mein Handy. Natürlich haben sie es immer wieder probiert. Manchmal gab's auch Action und Alarm, dann habe ich gesagt, pass mal auf, du musst hier nicht mitmachen, du kannst auch auf deine Zelle gehen, ich bin nicht verpflichtet, dass du hier dabei bist, und du bist auch zu nichts verpflichtet. In dem Moment haben irgendwelche Nachwuchsmachos dann kapiert, ja scheiße, die Alternative ist, ich geh jetzt wieder in meine Zelle und hock dann da alleine und langweile mich, also halt ich jetzt lieber mal die Klappe.

Wie lange hast du das gemacht?

Fünf Jahre, jede Woche, außer ich war mal weg.

Und ich würde es immer noch machen, aber die haben den ganzen Knast aufgelöst. Das klingt, als wäre es positiv, aber das Gegenteil ist der Fall. Die haben nämlich in Augsburg einen neuen Knast gebaut und in den ist der Jugendarrest bis heute nicht wie geplant integriert worden. Das bedeutet aber für die Leute aus der Gegend, die müssen jetzt in die JVA Stadelheim nach München. Das ist für manche aber schon ein großes Problem, wenn da steht, am Montag um acht Uhr musst du dort sein. Ja

Mist, wie komme ich denn jetzt da hin. Deswegen ist das gar nicht positiv. Aber es passt ins Schema, denn Jugendarrest ist die unterste Stufe im ganzen Gefängnissystem, da wird viel zu wenig getan, das ist der größte Mist, den der Staat da baut, keine Bildung, kein Kümmern. Da wundert einen die hohe Rückfallquote um die 70 Prozent beim Jugendarrest nicht. Man müsste die zuballern mit Unterricht. Von mir aus jeden Tag zehn Stunden. Da passiert aber fast nichts. In der Zeit, als ich dort war, gab es eine Studentengruppe, die irgendwelche Übungen gemacht hat, und einen pensionierten Polizisten, der den Jungs gezeigt hat, wie repariere ich ein Fahrrad. Klingt lächerlich, war aber wichtig. Wenn du die in den Fingern hast, musst du loslegen und mit denen was Sinnvolles machen, die sind ja nicht blöd. Es gibt auch Literatur, die sie interessiert, aber in der Schule kriegen sie so was nicht mit.

Politik und Religion im Gedicht, das geht selten gut. Aber du hast da keine Berührungsängste.

Ich schaue einfach auf die Dinge, die direkt vor meiner Nase sind. Wir sind ja die ganze Zeit von Diskussionen umgeben, die mit Religion und mit Politik zu tun haben. Und in den letzten Jahren hat sich das intensiviert. Viel mehr Leute reden darüber, was gerade passiert. Gezwungenermaßen. Und diese Dinge behandle ich auch.

Literatur also nicht als mentale Parallelwelt, sondern als ein Instrument der Einmischung.

Absolut. Für mich geht es nur so. Man kann da nichts aussparen oder aussperren.

Auch nicht den Humor, siehe dein Gedicht Tango und Benzin.

Am Anfang weiß ich nie, was in einem Text alles drinsteckt. Ich fange an mit einem Bild oder einem besonderen Moment, korrigiere, überarbeite, schmeiß die Hälfte wieder weg, manchmal ist das Bild unscharf und ich muss erst mal dahinterkommen, was da alles drinsteckt. Ah, ok, da hinten, das hab ich erst gar nicht so genau gesehen, das ist jetzt aber witzig. Da vorne ist die Beerdigungsgesellschaft und da hinten knutschen zwei.

Ja, so ist das mit Beerdigungen. Das ist tatsächlich das, was man die Schule des Lebens nennt. Eigentlich ein furchtbar romantischer Begriff: die Schule des Lebens. Aber der ist gar nicht so blöd, wie ich schon als Kind festgestellt habe, zum Beispiel bei Beerdigungen.

Nach einer Beerdigung gibt's in der Regel ja den Leichenschmaus. Zunächst meist eine recht traurige Veranstaltung – beim ersten Bier sitzen alle noch stumm rum, aber ab dem dritten Bier wird's immer lustiger und spätestens nach dem fünften Bier auch schon mal derb. Dann wird ausgepackt: »Der konnte schon auch ein richtiger Hund sein«, »Die Drecksau schuldet mir noch 500 Mäuse«. Halt all das, was nicht in den Schulbüchern steht.

Was sollte denn in den Schulbücher stehen?

Du stellst Fragen ... auf jeden Fall der Herbert Achternbusch.

»Ich bin ein Schaf. Meine Weide ist mein Leben. Spärlich, kein Gras. Ein einsames Schaf ist allein. Kein Vorderschaf, also kein Herdentrieb, also keine Richtung« – dieses Achternbusch-Zitat wäre doch perfekt für ein Bayerisches Schulbuch (lacht).

Achternbusch war sehr wichtig für mich. Was?! – so kann man auch schreiben, so radikal persönlich! So habe ich das sofort verstanden. In diesem Stil, der nur zu ihm gehört.

Bist du ihm mal begegnet?

Ja, eine sehr witzige Geschichte, und auch wieder gar nicht so witzig. In München gab's mal die tolle Buchhandlung Dichtung & Wahrheit, deren Inhaber war ein großer Achterbusch-Fan. Und zum Glück auch ein Fan von mir. Und da er wusste, dass ich den Achterbusch verehre, meinte er, du musst unbedingt mal den Herbert kennenlernen. Ich war da zwar gar nicht so scharf drauf, aber als ich eines Abends dort gelesen habe, sagte dieser Buchhändler zu mir, heute kommt der Herbert und ich mach euch miteinander bekannt. Und plötzlich steht der Herbert vor mir, Herbert Achternbusch, und ich sage spontan: Herr Achternbusch, ich liebe Ihre Bücher. Da schaut er mich so komisch von der Seite an und sagt, was ist denn das für ein Schmarrn, man kann einen Menschen lieben, aber doch keine Bücher. Und das war's. Dreht sich um und geht weg.

Schlimm für dich?

Aber nein, das ist doch völlig wurscht. Deswegen ist Achternbusch einfach so unfassbar großartig. Was dieser Mensch für Bayern getan hat – so tolle Filme, so tolle Bücher, und heute kennen ihn nicht mehr viele. Es ist eindeutig Zeit für die Wiederentdeckung von Herbert Achternbusch.

Achternbusch war ja oft ein echter Wüterich, hast du auch mal so eine richtige Wut?

Da fällt mir jetzt nur so was ein wie Wut auf Nazis. Ich meine, wenn man jetzt ein Schaubild machen würde, wo in der Mitte steht »Nazi«, dann würde drum herum stehen: Dummheit, Ignoranz, Ungerechtigkeit, mieses Verhalten gegenüber Schwachen. Weißt du, ich komme aus der Ecke der Schwachen, das ist ein Punkt, der für mich ganz wichtig ist.

Ich weiß noch, als mein erster Gedichtband rauskam und ich damit Lesungen gemacht habe kamen öfter Leute auf mich zu, die gesagt haben, Mensch, danke, ich war auch im Knast, ich weiß genau, was du mit diesem Gedicht meinst. Darauf ich: ja, schön, aber ich war gar nicht im Knast. Trotzdem hat mich das natürlich sehr gefreut, dass sich diese Leute in meinen Gedichten wiedergefunden haben. Deshalb sind meine Gedichte auch nicht besser oder schlechter, aber was mich freut, ist, da überhaupt so nah ranzukommen.

Ich bin hier ganz auf der Seite von Charles Plymell, dem Drucker, Dockarbeiter, Autor und Verleger: »Ein Harvard-Literaturstudium ist nicht unbedingt was Schlechteres als Kuhscheiße an den Stiefeln.«

Was Schlechteres oder was Besseres?

Der Effekt ist doch der gleiche.

Was kann ein gutes Gedicht im besten Fall ins Rollen bringen?

So ziemlich alles. Sagen wir mal, minimal macht es einen glücklich für einen ganzen Tag, maximal für ein ganzes Leben.

Mich freut es auch immer, wenn ich gute Sachen von anderen lese. Ich kenne Leute, die ertragen das nicht, dass andere auch gut sind, oder vielleicht sogar noch besser. Aber mich freut das, wenn ich was Gutes lese, vielleicht sogar von jemandem, den ich überhaupt nicht kenne. Das hat etwas sehr Aufbauendes.

Ich freue mich immer, wenn ich Autor*innen oder Künstler*innen mit einer Haltung begegne, einer Haltung gegenüber der Welt, aber auch einer gewissen inneren Distanz gegenüber dem Literatur- und Kunstbetrieb, diesem Rummel aus Eitelkeit, Anpassungsdruck und Geschäftemacherei, wobei letzteres vor allem auf die Kunst zutrifft, bei der ambitionierten Literatur können wir die Interessierten mittlerweile ja fast schon einzeln mit Handschlag begrüßen.

Man könnte jetzt sagen: leider, doch das wäre sinnlos – ja, das ist so.

Aber so lange es Typen gibt, die Gedichte schreiben wie Der Tag, an dem ich allen Glück wünschte, *halten wir das aus.*
  In einer Phase tiefer Lebensverdrossenheit bin ich mal auf dieses Gedicht von dir gestoßen, das hat mir wieder Hoffnung gemacht, quasi ein poetisches Antidepressivum, ein Gemütsaufhellungstext. Ich hatte anscheinend gerade genau die passende seelische Temperatur, dass mich dieser Text so getroffen hat. Es ist für mich auf jeden Fall ein unglaublich tolles Gedicht mit seiner weltversöhnenden Kraft, ohne Schmerz und Verlust zu leugnen.

Hm, das war so ein spezieller Moment, ein Blick in die Ferne, an einem Tag fast so wie jetzt, Sonne, aber alles voller Wolken, und ein leichter Wind, und du stehst planlos vor irgendeiner Kneipe, und aus irgendeinem Grund fällt dir jemand ein, den du da vor 20 Jahren getroffen hast … Genau so habe ich das im Kopf angefangen zu schreiben. Und das Ding ist, du stehst jetzt wirklich gerade da, du denkst das, und gleichzeitig erkennst du, das ist jetzt ein Song oder das ist ein Gedicht. Ein wichtiger Teil der Arbeit ist, dass du aufmerksam bist und den Moment erkennst, wenn etwas da ist.

Manchmal gehst du zehn Tage herum und da ist nichts. Es könnte aber auch sein, dass du nur nicht aufmerksam warst. Das Ende der Aufmerksamkeit ist der Tod.

Hast du Angst vor dem Tod?

Ich finde den Tod furchtbar, ich finde ihn grauenhaft. Die Vorstellung, nicht mehr da zu sein, das übersteigt tatsächlich mein Denkvermögen.

Da zieht es einem erst mal den Boden unter den Füßen weg.

Das zieht mir gar nicht so sehr den Boden unter den Füßen weg, ich finde das einfach vollkommen beschissen.

Und dann auch noch der Vorgang des Sterbens, den ich schon ein paar Mal mitgekriegt habe, der kann ein angenehmer sein oder ein furchtbarer. Also, ich kann das überhaupt nicht locker sehen.

Wenn es heißt, wie toll das Seniorenleben ist, das ist doch ein Wahnsinn. Da wären wir wieder bei den Westerngedichten, es gibt darauf nur eine Antwort, und das ist eine 45er – haltet also bitte die Klappe mit eurem lustigen Seniorenleben.

Ab 60 kommt man nicht darum herum, darüber nachzudenken. Ab da muss man sagen, ja, es könnte jetzt bald so weit sein. Es gibt so viele Jazzer, die reihenweise mit sechzig plus/minus fünf Jahre abgetreten sind. Da denkst du, du spinnst. Oder mein Freund Wiglaf Droste, der schon mit 57 gegangen ist. Wahnsinn! Wenn man so alt ist, muss man eigentlich ständig damit rechnen. Und dann, ja ... jetzt müssen wir aber aufhören, verdammt, ich hasse dich!

Das ist doch mal ein guter Schluss.

Allerdings – you did not make my day, you destroyed my day.

EDITORISCHE NOTIZ

ICH WILL DOCH IMMER NUR KRIEGEN, WAS ICH HABEN WILL
Einige der Gedichte, die, mit zwei Ausnahmen, in den letzten zehn Jahren geschrieben wurden, erschienen zuerst in der Tageszeitung *junge Welt* und in den Magazinen *textland-online.de*, *Feuerstuhl* und *Drecksack*.

ICH FÜHLTE MICH STARK WIE DIE BRAUT IM ROSA LUXEMBURG T-SHIRT
Die Originalausgabe erschien 2009 im Songdog Verlag, Wien. Die Gedichte und Anmerkungen wurden vom Autor für diese Ausgabe geringfügig überarbeitet.

JESSE JAMES UND ANDERE WESTERNGEDICHTE
Die Originalausgabe erschien 1991 im Bommas Verlag, Augsburg, mit Fotografien von Charlie Sono, sowie Nachworten von Andreas Niedermann und Thomas Palzer, die in dieser Neuausgabe nicht enthalten sind, ebenso wie das Nachwort des Autors zur dritten, überarbeiteten Auflage 2004. Die Gedichte und Anmerkungen wurden vom Autor für diese Ausgabe geringfügig überarbeitet.

POESIE IST KEIN AUTORENNEN
Das Gespräch von Manfred Rothenberger mit Franz Dobler wurde am 25. Oktober 2019 in Nürnberg geführt.

FRANZ DOBLER

Geboren 1959 und wohnhaft in Bayern, veröffentlicht seit 1988 Romane, Erzählungen, Hörspiele, Musikbücher und Gedichte. Er ist Herausgeber einiger Musiksammlungen, Diskjockey und gelegentlich Gast der Band Das Hobos. Franz Dobler wurde u. a. mit dem Deutschen Krimipreis und dem Bayerischen Literaturförderpreis ausgezeichnet.
Mehr unter: www.franzdobler.de

JULIANE LIEBERT

Geboren 1989 in Halle an der Saale, Autorin und Journalistin.
Publikationen: *wer braucht eine freundin, wenn er einen todesstrahl haben kann?* (POPUP PRESS, 2013), *Der Körper ist ein billiger Koffer* (Averse Publishing, 2016), *Scheiß auf das Weltall* (AuK 516, SuKuLTuR, 2017), *Hurensöhne! – Über die Schönheit und Notwendigkeit des Schimpfens* (Essay, mit Fotografien von Erman Aksoy, starfruit publications, 2020), *lieder an das große nichts*, (Gedichte, Suhrkamp, 2021, in Vorbereitung)

IMPRESSUM

HERAUSGEBER
Manfred Rothenberger

GEDICHTE
Franz Dobler

FOTOGRAFIEN
Juliane Liebert

LEKTORAT
Paula Rothenberger

FOTOAUSWAHL
Timo Reger, Manfred Rothenberger

GESTALTUNG
Timo Reger, Nürnberg

SCHRIFT
Alda

PAPIER
Fly weiß, 120 g/m^2

HERSTELLUNG
Schleunungdruck GmbH, Marktheidenfeld

BUCHHANDELSVERTRIEB
VfmK Verlag für moderne Kunst GmbH, Wien
www.vfmk.org

© Fürth 2020, starfruit publications,
der Autor und die Fotografin
www.starfruit-publications.de

All rights reserved
Printed in Germany
ISBN: 978-3-922895-39-8